빠르고 효과적이며 생산적인
데이터 과학을 위한
R 통합개발환경 Rstudio 안내서

RStudio IDE 쉽게 배우기

Matthew Campbell 지음
오승교 옮김

Learn RStudio IDE

Quick, Effective, and Productive Data Science

황소걸음
아카데미
Slow & Steady

RStudio IDE 쉽게 배우기

펴낸날 | 2021년 11월 10일 초판 1쇄
지은이 | Matthew Campbell
옮긴이 | 오승교
만들어 펴낸이 | 정우진 강진영
디자인 | 김재석(carp518@hanmail.net)
펴낸곳 | 서울시 마포구 토정로 222 한국출판콘텐츠센터 420호
편집부 | (02) 3272-8863
영업부 | (02) 3272-8865
팩　스 | (02) 717-7725
홈페이지 | www.bullsbook.co.kr
이메일 | bullsbook@hanmail.net
등　록 | 제22-243호(2000년 9월 18일)

황소걸음
아카데미
Slow & Steady

ISBN 979-11-86821-63-3 93310

교재 검토용 도서의 증정을 원하시는 교수님은
이메일로 연락주시면 검토 후 책을 보내드리겠습니다.

역자 서문

최근 IT 분야 유망 직업군에 대한 조사 결과에서 프로그램 언어 개발자가 최상위 그룹에 포함되어 있다. 여기서 4차 산업혁명의 한 축을 형성하는 데이터 과학 분야로 범위를 좁히면 데이터 분석, 시각화 및 데이터 모델링 등을 처리하는 R 개발자가 두각을 보이고 있다.

스마트 정보 기술의 발전과 더불어 생활 패턴의 변화로 분석이 필요한 데이터량이 급격하게 증가하고, 데이터 유형도 매우 다양해지면서 기존의 도구만으로 통계적 분석과 확률론적 개념을 이해하는 데 어려움이 있었으나, R과 같은 해석적 프로그램 언어가 적합한 해결책이 되어 다행스럽게 생각한다. 더욱이, 최근에 엄청나게 인기를 끌고 있는 R은 오픈 소스 컴퓨팅 패키지이기 때문에, 쉽게 구할 수 있으며 사용하기에 매우 경제적이라는 점이 매력적이다. 게다가 사용자가 보다 쉽게 직관적으로 R 프로그래밍 언어을 활용할 수 있는 통합개발환경(Integrated Development Environment)을 제공하는 RStudio를 활용하면 마크다운(Markdown), 샤이니(Shiny) 등 다양한 부가 기능들을 실현할 수 있는 장점이 있다.

RStudio의 부가기능 마크다운을 이용해서 의료 데이터 분석을 통한 재현가능 연구(Reproducible Research)에 관심이 많은 역자는 R 프로그래밍을 위한 통합개발환경 RStudio의 매력에 빠져 독자들에게 이 책을 소개할 목적으로 번역을 기획하게 되었다. 이 책은 꾸준히 인기를 누리고 있는 RStudio를 이용해서 데이터 분석의 다양한 확장성을 보여주고 있다. R 언어를 처음 접하는 초보자 또는 어떠한 프로그래밍 경험이나 데이터 분석 지식을 갖지 못한 독자를 대상으로 하며, 독자가 딥러닝 또는 머신러닝을 구현하는 데이터 과학자가 되고자 할 때 훌륭한 안내서가 될 것이다. 1장부터 4장에서는 RStudio를 설치한 다음 인터페이스를 파악하며, 프로젝트 생성을 통하여 기초적인 프로그램을 작성할 수 있는 능력을 터득한다. 그리고 재현가능한 분석(5장), 필수 R 패키지(6장), 데이터 시각화(7장), R 마크다운(8장), 샤이니 R 대시보드(9장)를 배우며, 10장에서 사용자가 R 패키지를 제작하는 방법, 11장에서 Git같은 코드 도구를 이용해서 소스를 관리하는 방법, 그리고 12장에서 R 프로그래밍을 배우게 된다.

마지막으로, 원고를 준비하는 내내 따듯한 격려를 보내주고, 늦은 시간까지 살뜰히 밤참을 챙겨준 나의 어머니 김귀순 여사, 그리고 아내 김수연에게 감사와 사랑을 전하고 싶습니다. 그리고 이 책이 출간될 때까지 바쁜 일정 중에도 세심한 원고 검토와 아낌없는 도움을 주신 분들에게 감사의 뜻을 전하며, 특히 황소걸음 출판사 정우진 사장님, 강진영 이사님 및 편집부에 감사를 드립니다.

건양대학교 대전 메디컬캠퍼스 죽헌정보관에서
오승교

차 례

저자 소개

Matthew Campbell는 15년 동안 교육심리학, 심리측정학, 그리고 다른 연구 분야에 대한 데이터 문제를 수행했던 데이터 과학자이다. Matt는 데이터로 이야기를 만들고, 분석에 도움이 되는 통찰력을 얻고, 기업의 문제를 해결하기 위해 그가 사용한 기술에 열정적이다. 그는 Phoenix 대학에서 정보시스템관리 석사 학위를 받았으며 Pennsylvania 주립 대학에서 심리학 학사 학위를 받았다. Matt는 모바일 앱 개발과 관련하여 4권의 도서를 저술하였으며, 코딩 과정을 운영하고 있으며, 대규모 연구 프로젝트에 참가하고 있다.

감수자에 대하여

Prachee Chaturvedi 박사는 데이터 과학자이자, Bayer의 규제, 연구 및 개발(R&D) 분야 디지털 전략적 선도자(Digital Strategy Lead in Regulatory)이며, Monsanto의 리더십 개발 프로그램(Leadership Development Program)의 회원이었다. 플로리다주 Gainesville 소재 Florida 대학에서 생물공학 박사 학위를 수여했으며, 인도 Kanpur 소재 HBTI에서 기계공학 학사 학위를 수여했다. 현재, Prachee는 규제 과학(Regulatory Sciences)을 위한 포괄적 디지털 전략 수립과, 그리고 Bayer Crop Science R&D에 있는 규제 안전 데이터 서브미션(Regulatory Safety Data Submission)을 위해 자동화 주문(automated and on-demand) 분석용 디지털 도구 개발에 집중하고 있다. 그녀는 15권의 과학출판물과 2번의 도서의 장을 저술하였으며, 다양한 분야의 다기능 기술 프로젝트들을 이끌고 있다.

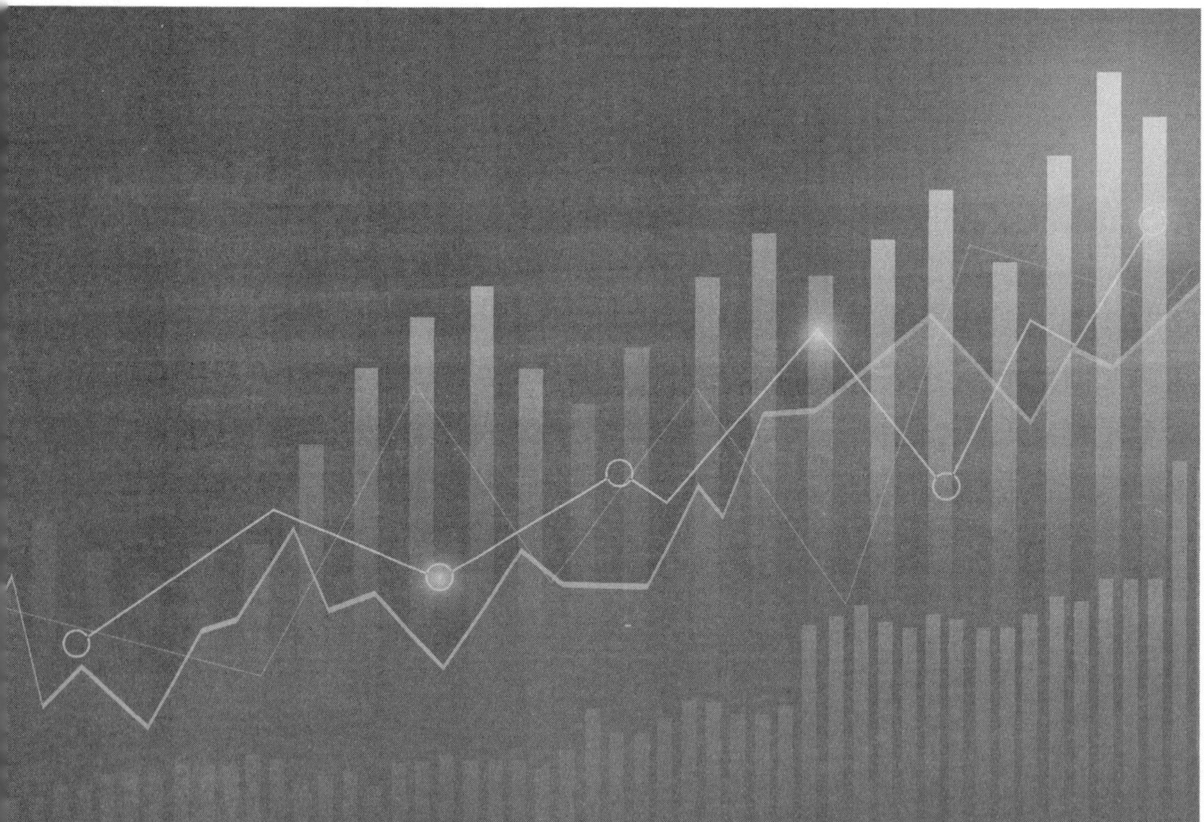

제 1 장

RStudio 설치하기

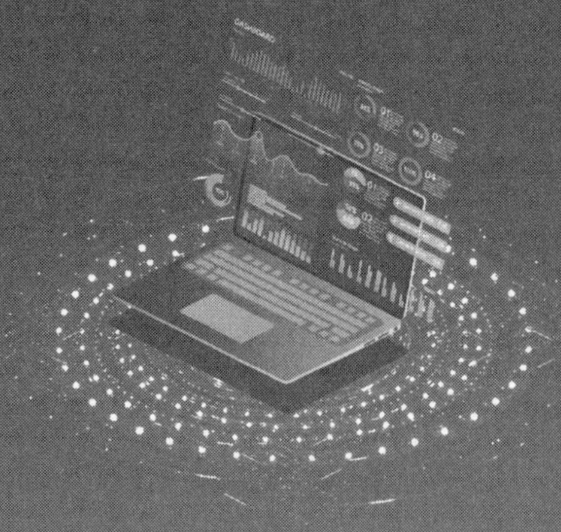

RStudio는 명령라인 인터페이스(CLI, Command Line Interface) 기반의 기본 R에 구문 강조 및 코드 리팩토링(code refactoring)같은 최신 기능들을 추가한 통합개발환경(IDE, Integrated Development Environment)이다. 필요한 모든 특성을 한 곳에 모을 수 있다는 것이 RStudio의 장점이다. RStudio를 설치하기 전에, 최신 버전의 R뿐 아니라 git로 부르는 또 다른 프로그램을 설치해야 한다. 이들 소프트웨어 패키지 모두 RStudio에 병합되지만, RStudio 통합개발환경에 포함되어 있지 않는다.

R은 통계 프로그래밍 언어이며 RStudio를 사용하려면 이 언어가 필요하다. Git는 RStudio에 병합되는 인기있는 분산형 버전 관리 시스템(version control system)이다. Git같은 소스 버전 관리 시스템은 다루고 있는 코드의 복제본을 관리하기 위하여 사용된다. Gits는 한 가지 버전의 코드가 또 다른 버전과 다르게 거동하는 이유를 간파할 수 있도록 파일의 버전들 사이의 차이를 볼 수 있게 해준다. Git는 프로그래머들이 코드와 프로젝트를 공유하는 온라인 커뮤니티인 Github를 사용하기 위해서도 필요하다.

❋ R 설치하기

R은 통계 프로그래밍과 그래픽에 사용되는 무료 공개 소프트웨어이다. CRAN, Comprehensive R Network에서 최신 버전의 R을 얻을 수 있다. CRAN은 R뿐 아니

라 R 패키지를 제공하는 미러 서버망이다. R 패키지는 R 사용자들이 커뮤니티에서 기증한 핵심 R 프로그래밍을 확장한 것이다.

R을 설치하기 위하여, URL: https://cran.r-project.org/mirrors.html 사이트를 방문하면, 그림 1-1에 보이는 것처럼 미러 서버 목록을 볼 수 있을 것이다.

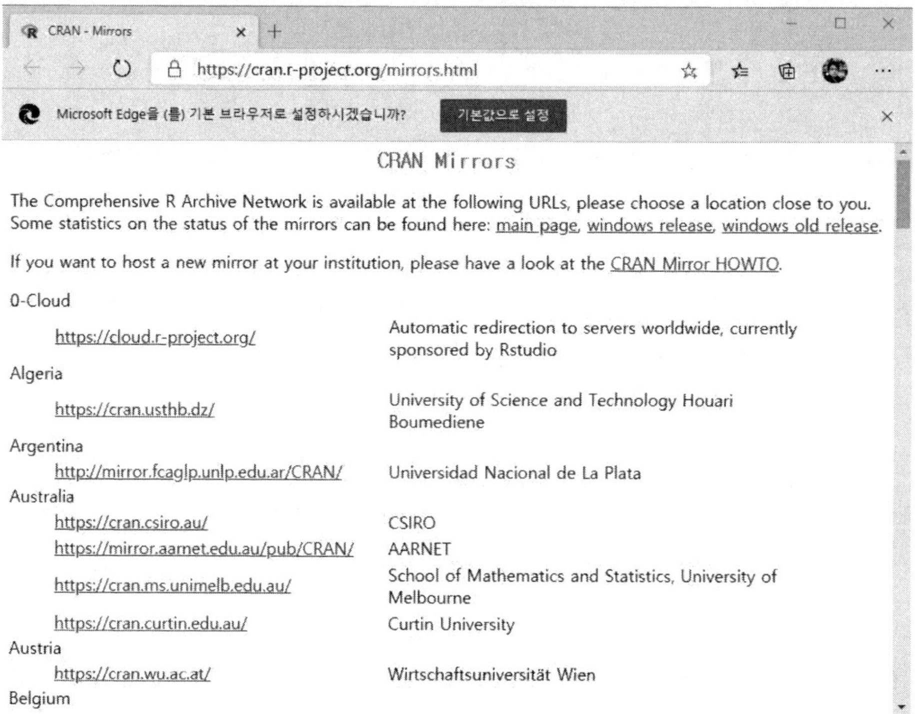

그림 1-1. CRAN 미러 서버 목록

서버 목록을 스크롤 다운하고 지리적으로 가장 가까운 서버를 찾으면 링크를 클릭한다. 절대적으로 제일 가까운 서버인지 너무 염려하지 말고, 살고 있는 지역 근처 어떤 서버라도 선택만하면 무난하다. 끊어진 링크를 발견하면, 단순히 돌아가서 또 다른 서버를 시도해 보라. 그림 1-2에서 보는 것처럼 Windows용과 Mac용 R 버전 목록을 나열한 새 화면으로 이동하게 될 것이다.

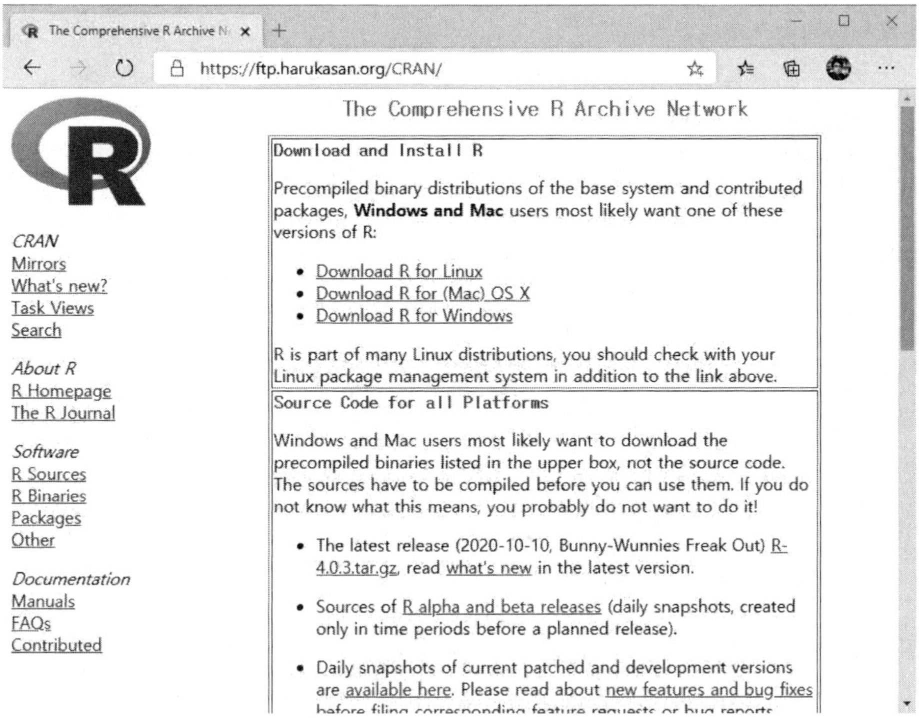

그림 1-2. CRAN에서 R 설치하기

운영 체계에 맞는 링크를 클릭하면, 운영 체제마다 다른 R 설정 지침을 보여주는 화면이 나타날 것이다.

❦ Mac에서 R 설치하기

Mac에 R을 설치하려면, R 배포판마다 상이한 내용들이 아주 자세하게 나타날 것이다. 대부분의 사람들은 단순히 그림 1-3에 보이는 것처럼 Latest release 제목아래 페이지 중간 영역까지 이동한 다음, 확장자 .pkg로 끝나는 파일을 클릭할 것이다. 정확한 파일의 이름은 가장 최근에 발표된 설치기에 따라 다를 것이다.

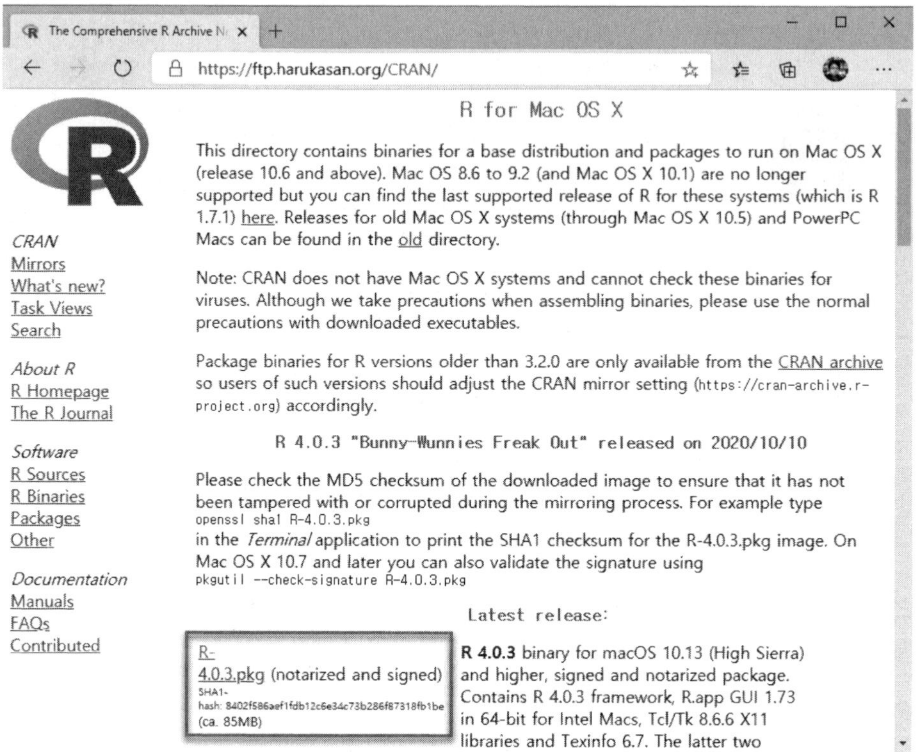

그림 1-3. Mac R 설치기

가장 최근 버전의 R을 설치하기 위하여 pkg 링크를 클릭한다. 특별히 이전 버전의 R이 필요하면, 이전 버전의 R 설치에 따른 선택사항을 보기 위하여 스크롤 다운할 수 있다. 다운로드 폴더에 pkg 파일이 보일 것이다. 다운로드 폴더로 가서 pkg 파일을 클릭해서 R을 설치한다. 그림 1-4 같은 화면이 나타날 것이다.

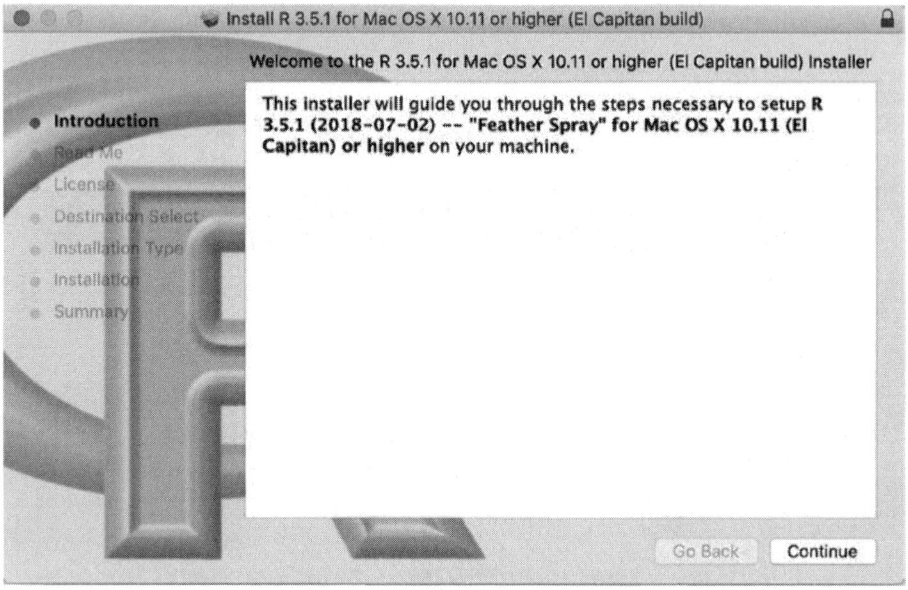

그림 1-4. Mac에서 R 설치하기

그림 1-4 같은 일련의 화면들이 나타날 것이다. 각 화면마다 Continue를 클릭한다. 어떤 지점에서, 소프트웨어 저작권에 대한 동의를 요청하는 모델 다이얼로그 박스가 팝업창으로 나타날 것이다. 계속 진행하기 위하여 Agree를 클릭한다. 그러면 그림 1-5에 보이는 것처럼 특정 디스크에 설치하는 옵션을 보게 될 것이다.

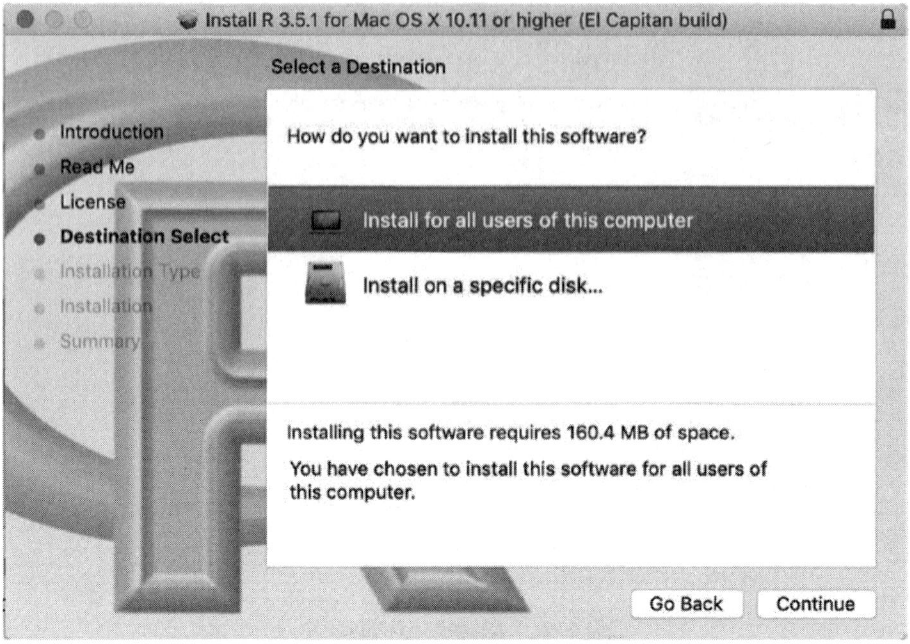

그림 1-5. R 설치장소 선택하기

대부분 단순히 모든 사용자용 설치 옵션을 선택할 것이다. 첫 번째 옵션을 선택하고 Continue 버튼을 클릭한다. 다음 화면에서 Install 버튼을 클릭한다. R 설치기는 Mac 운영 시스템을 변경하기 때문에 Mac 비밀번호를 요구할 것이다. 비밀번호를 입력하고 계속하면, R이 설치될 것이며, 모든 과정을 마치면 그림 1-6 같은 화면을 볼 수 있을 것이다.

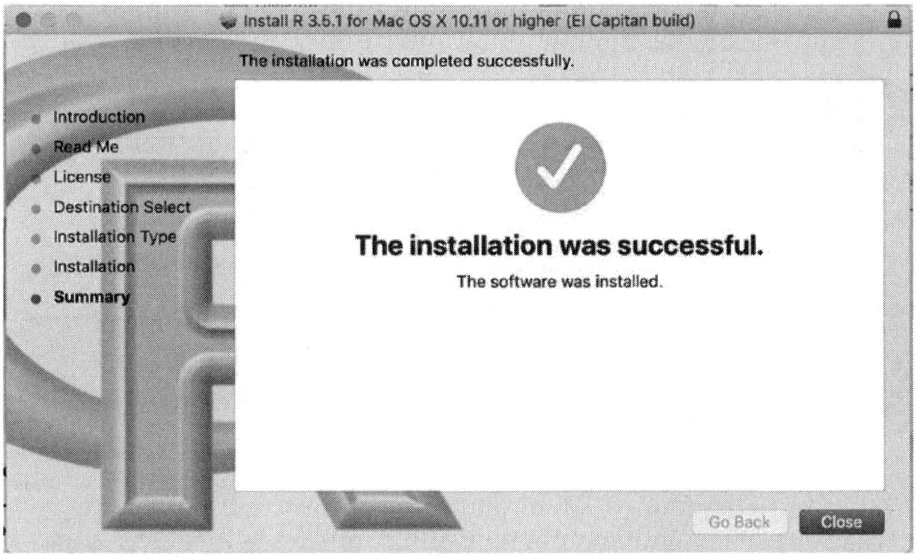

그림 1-6. R 설치 성공 화면

Close 버튼을 클릭하면 Mac에 R이 설치된 것이다. 프로그램 폴더에서 R을 찾을 수 있을 것이다. 설치된 R이 제대로 작동하는지 확인하기 위하여 프로그램 폴더에서 R.app 프로그램을 더블클릭하라. 기본 R 콘솔 화면이 나타날 것이다. 이미 R에 대한 약간의 지식이 있다면 여기서 시스템을 자유롭게 이용할 수 있지만, 그렇지 않다면 단순하게 프로그램을 마칠 수 있다. 일단 RStudio가 설치되면 R을 이용해서 재방문할 것이다.

Windows에서 R 설치하기

일단 윈도우용 R 설치기 링크를 클릭하면, 설치 설명서 페이지를 볼 수 있다. 그림 1-7에 보이는 것처럼 "install R for the first time" 링크를 클릭한다.

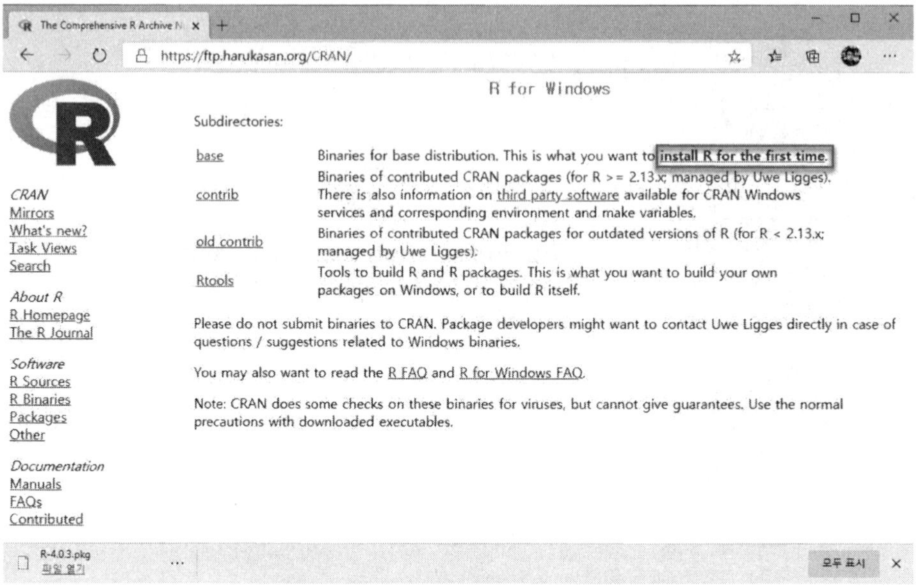

그림 1-7. Window에서 R 설치하기

다음 페이지에서 R 설치기를 다운로드할 수 있는 링크가 보일 것이다. "Download R for Windows" 이름의 링크를 클릭해서 윈도우 설치기를 내려 받으면, 곧 바로 다운로드 폴더에서 R을 설치할 수 있는 실행 화일을 확인할 수 있다.

설치기 파일을 두 번 클릭한 다음, 사용자의 행동을 받아들일 준비가 되었음을 알려주는 메시지(프롬프트)들에 응답한다. 단순히 기본값들을 선택한 다음 설치 과정을 마친다.

Linux에서 R 설치하기

Linux에 R을 설치할 때 Linux 버전마다 다른 설정 지침을 따라야 한다. 일반적으로, 패키지 관리자(package manager)를 이용해서 다음과 같은 명령줄을 통해 R을 설치하게 될 것이다.

```
sudo apt-get update
sudo apt-get install r-base r-base-dev
```

그러나, Linux 버전마다 명령문은 약간 다를 수 있으며, 사용 중인 Linux 버전에 대해 무엇을 해야 하는지에 대한 보다 자세한 정보를 보려면 CRAN 웹사이트를 다시 한번 확인해야 한다. `https://cran.r-project.org` "Download R for Linux" 링크를 클릭한 다음, 추가적인 지침을 얻기 위하여 설치하려는 Linux 버전을 선택한다.

Git 설치하기

Git는 버전이 서로 다른 코드 파일들을 관리하는데 대중적으로 사용되는 버전 관리 시스템(version control system)이다. RStudio는 git를 작업흐름으로 통합시켜서 작업 내용을 시각화하는 데 도움을 줄 것이다.

Mac에서 Git 설치하기

Mac에 git를 설치하려면, URL: `https://git-scm.com/download/mac` 사이트를 방문한다. 즉시 다운로드되지 않으면, "click here to download manually"를 클릭해서 git 설치기를 다운로드한다.

Download 폴더에 보이는 파일을 두번 클릭한다. 폴더에 보이는 pkg 파일을 클릭헤서 설치 과정을 시작한다. 그림 1-8에 나타내는 다이얼로그 박스처럼 보이는 보안 알림 메시지를 볼 수도 있다.

그림 1-8. Mac의 보안 알림 메세지

Mac의 "Security and Privacy" 설정 다이얼로그 박스의 "General" 탭으로 가서 내려받은 화일 오른쪽에 보이는 "Open Anyway"를 선택함으로써 이런 보안 기능을 무시할 수 있다. 그림 1-9의 예를 보라.

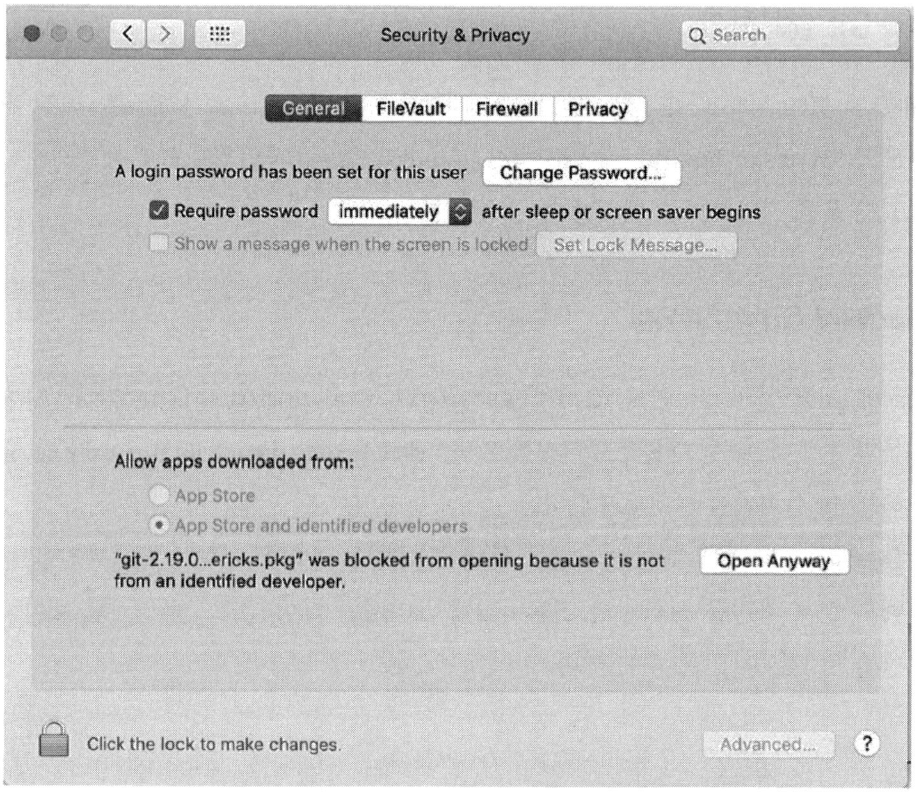

그림 1-9. Mac에 git를 설치하기 위한 보안 설정 무시알림 메세지

이제 설치가 완료됐다는 알림이 나타날 때까지 단순히 설치 화면들을 클릭만 하면 된다. Terminal 창으로 git --version 명령어를 입력함으로써 git가 설치되었다는 것을 확인하기 위하여 Mac용 Terminal 앱을 사용할 수 있다.

Windows에서 Git 설치하기

Windows에 git를 설치하려면, URL: `https://git-scm.com/download/win` 사이트를 방문한다. 즉시 다운로드되지 않으면, "click here to download manually"를 클릭해서 git 설치기를 다운로드한다. Download 디렉토리에 보이는 설치 파일

을 두 번 클릭한다. 나타나는 화면마다 Next를 클릭하고 단순히 기본 설정을 선택한다. 일단 설치가 완료되면 Finish를 클릭한다.

윈도우 명령 프롬프트(Windows Command Prompt)로 가서 "gif-version" 명령어를 입력함으로써 git가 설치된 것을 확인한다. 가장 최신의 git 버전을 설치했다는 응답을 확인해야 한다.

Linux에서 Git 설치하기

Linux를 사용하면서 Git를 설치하지 않았다면, 패키지 관리기를 사용해서 다음 명령 라인으로부터 git를 설치할 수 있다.

```
sudo apt install git-all
```

여기서는 apt를 사용하지만, 여러분이 배포하려면 패키지 관리기를 사용해야 한다는 것을 기억해주기를 바란다.

RStudio 설치하기

이제 git와 R을 설치했으니, RStudio를 설치할 준비가 되어있다.

RStudio 다운로드 페이지 `www.rstudio.com/products/rstudio/download/` 간다. 사용할 수 있는 모든 RStudio 옵션을 보여주는 화면이 나타날 것이다. 데스크탑용과 서버용 R 버전 모두에 대한 공개 소스와 상업 라이센스가 있다. 우리는 공개 소스(무료) 데스크탑 버전의 RStudio에 관심이 있다. 다른 버전은 상업 라이센스와 높은 수준의 기술 지원이 필요한 비즈니스를 지향한다. 그림 1-10은 RStudio 다운로드 페이지를 보여준다.

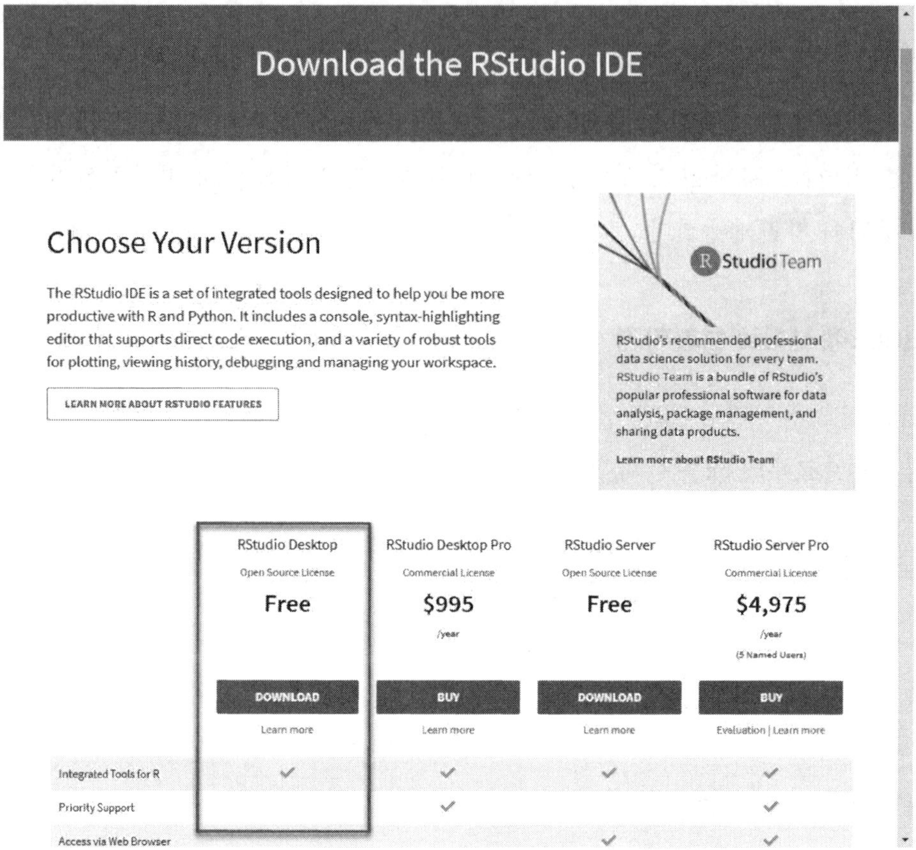

그림 1-10. RStudio 다운로드 페이지

Download로 표시된 푸른색 링크 버튼을 클릭하면 화면이 Windows용과 Mac용 설치기 목록까지 스크롤 다운될 것이다. 운영체제에 맞는 설치기를 클릭하고 다운로드를 마칠 때까지 기다린다. Downloads 폴더로 가서 Mac용 파일 확장자 dmg 및 Windows용 파일 확장자 exe를 갖는 RStudio-1.1.463 등과 같은 이름으로 명명되었을 설치기를 찾는다.

설치기를 두 번 클릭하고 프롬프트에 응답한다. Mac에서 RStudio 아이콘과 Applications 디렉토리로 가는 단축키를 보여주는 팝업 화면을 보게 될 것이다. 단순히 마우스로 RStudio 아이콘을 Applications 폴더로 가는 단축키로 드래그한다.

Windows에서, 단순히 프롬프트에 응답하고 기본 설치 위치를 선택한다. 설치가 끝나면, Finish 버튼을 클릭한다.

RStudio 설치 확인

계속 진행하기 전에, 설치된 RStudio가 올바르게 작동하는지 확인하자. 자신의 운영 체제에서 RStudio 앱 아이콘을 찾고 두 번 클릭해서 앱을 연다. 아이콘을 찾는데 문제가 있다면, Mac 화면에 우측 상단 영역 또는 Windows 화면에 좌측 하단 영역에 있는 탐색 아이콘으로 가서, "RStudio"를 입력하면 RStudio 앱 단축키가 나타나는 것을 볼 수 있을 것이다. 이 아이콘을 두 번 클릭한다.

Mac을 사용하고 있다면, 그림 1-11에 보이는 것처럼 보안 팝업창이 나타날 것이다.

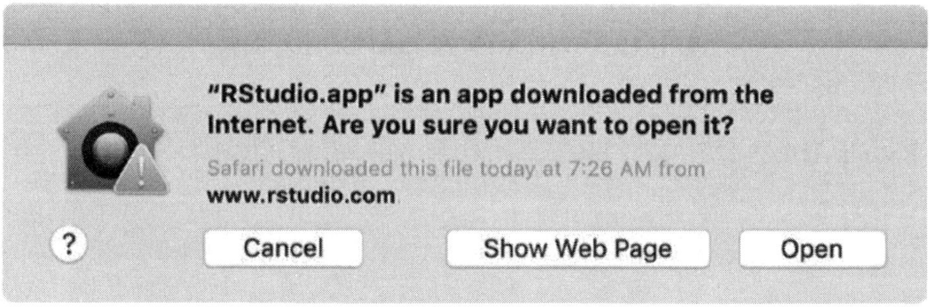

그림 1-11. RStudio 보안 팝업창

Open 버튼을 클릭해서 RStudio로 간다. 데스크탑 컴퓨터를 사용하고 있다면, 다음과 같이 나타나는 RStudio 앱을 볼 수 있어야 한다.

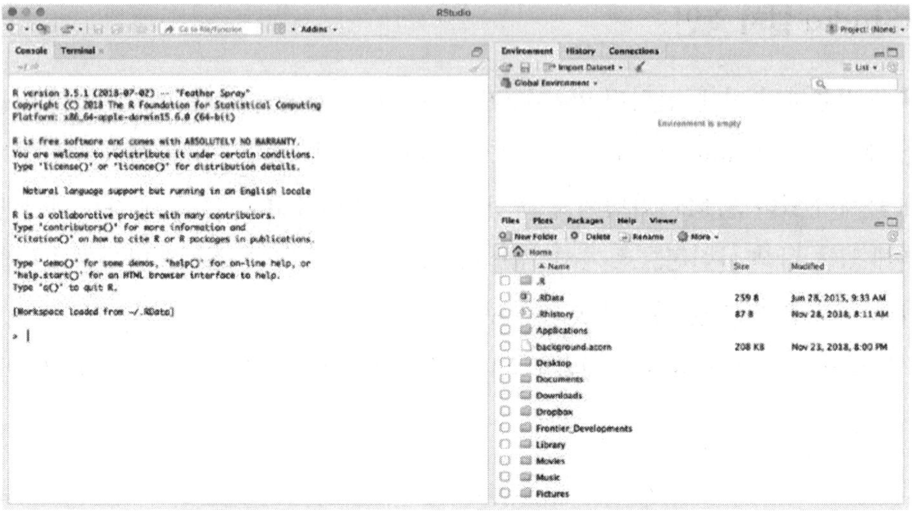

그림 1-12. Windows용 RStudio IDE 초기 화면

RStudio IDE가 설치되고 사용할 준비가 된 것을 축하합니다!

제 2 장

Hello World

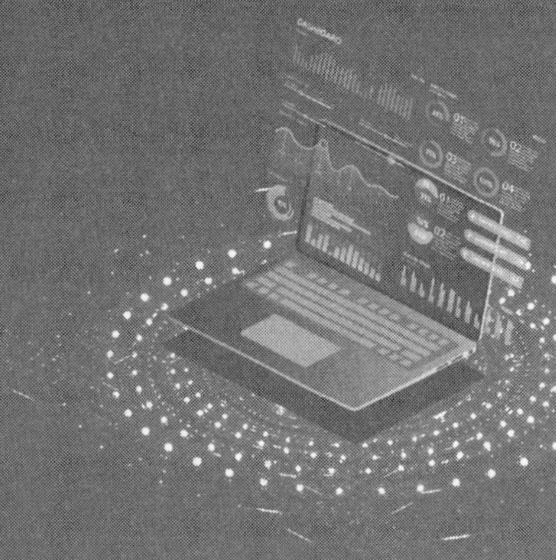

이제 RStudio IDE를 설정해서, 더욱 우수한 R 프로그래머가 되도록 도움을 주는 이 프로그램을 시작하자. 첫 번째로 하고 싶은 것은 RStudio를 열고 Console 창에서 직접 R로 작업을 시작하는 것이다. 지금이 Hello World(R 프로그램 세계와 첫 인사를 하는) 순간이다.

✲ 대화형 R 콘솔창

처음으로 RStudio를 열면 반드시 화면 좌측 전체를 차지하는 창이 나타날 것이다. 이것이 콘솔창(Console)이며, 여러분의 화면은 그림 2-1에 나타난 것과 유사하게 보여야 한다.

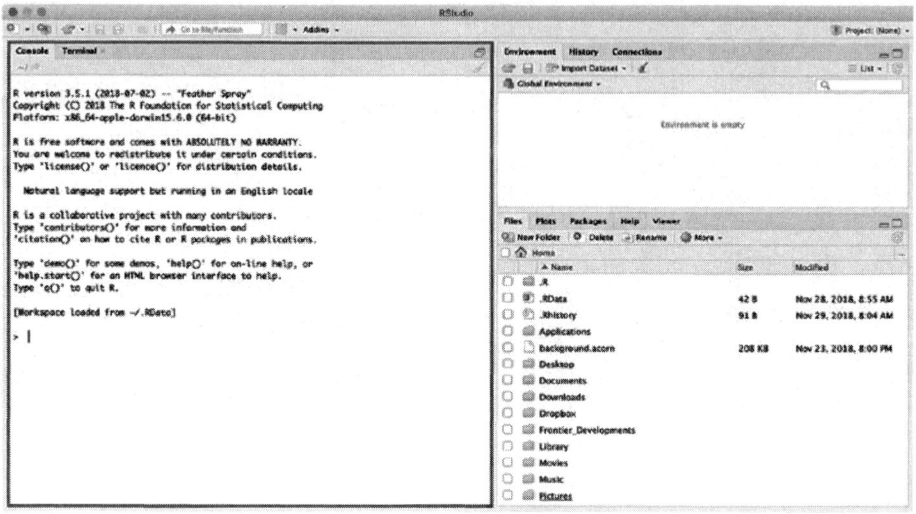

그림 2-1. Windows용 RStudio IDE 초기 화면

사용중인 R 버전에 대한 정보가 나타날 것이다. 맨 아래에 커서 >이 있다. 커서 오른쪽의 공간은 콘솔창(Console)이며 직접 R 명령어를 입력하는 장소이다.

1 + 1을 입력하고 엔터키를 눌러 보면, 명령 라인아래 `[1] 2`가 나타날 것이다. 2는 질문 1 + 1에 대한 대답이며 괄호 [1]에 1은 대답 2에 부합하는 벡터 위치이다.

벡터

R의 핵심 개념은 벡터 형태의 데이터 구조이다. 벡터는 동일한 데이터 유형을 갖는 객체들을 나열한 것이다. R에서 많은 연산은 오직 하나의 값을 반환하는 1+1 같은 질문일지라도, 벡터 형태로 답을 반환한다. `[1] 2`는 첫 번째 위치에 2 값을 갖는 하나의 수치형 데이터 유형의 벡터를 의미한다.

Hello World

이제 콘솔창에서 전통적인 Hello World 예제를 다루면서 또 다른 유형의 벡터를 만나보자, 보이는 것처럼 다음 문자 집합을 정확하게 콘솔창에 입력한다.

```
"Hello World"
```

따옴표를 포함시키는 것을 잊지말라! 이제 엔터키를 누르면 나타나는 또 다른 벡터가 나타나지만, 이번에는 `[1] "Hello World"`로 보일 것이다. 이전처럼 이 벡터도 첫 번째 위치에 하나의 항목을 갖지만, 이번 객체는 유명한 글귀를 보여주는 문자열이다.

Hello World를 오직 한 가지 이상의 항목을 갖는 벡터를 생성하기 위해 사용할 수 있는 함수의 도움을 받아 다른 방법을 시도해보자. 문자 `c(연결 함수)`를 사용하고 콤마로 분리된 객체 목록을 포함시켜 벡터를 생성할 수 있다. 벡터의 모든 객체들은 (숫자와 문자를 혼합하지 않은) 동일한 유형의 데이터이어야 한다. 객체의 유형이 다르면, R은 공급한 데이터를 수용할 수 있는 가장 일반적인 유형의 객체로 전환할 것이다. 콘솔창으로 `c("Hello", "World")`를 입력하고 엔터키를 누른다. 이 번에는 `[1] "Hello" "World"`이 콘솔창으로 출력되는 것을 볼 수 있다.

이 출력 결과가 전에 본 것과 아주 유사하게 보일지라도, 약간 다르다. 결과가 콘솔창에 라인 [1]에서만 보일지라도, 이 벡터는 2개의 항목을 갖는다. 그러나, 각 항목마다 자신의 따옴표를 포함하기 때문에, 2개의 객체가 존재한다는 것을 확인할 수 있다. 각각의 출력 행마다 항목 번호만을 보여주는 단순한 저장 공간이다. 어떻게 동작하는지 파악하기 위하여 조금 더 크기가 큰 벡터를 살펴보자.

콘솔창에 `1:100`을 입력하고 엔터키를 누르면, 그림 2-2에 보이는 이미지같은 것이 나타날 것이다.

```
[Workspace loaded from ~/.RData]

> 1:100
  [1]   1   2   3   4   5   6   7   8   9  10  11  12  13  14  15  16  17  18  19  20
 [21]  21  22  23  24  25  26  27  28  29  30  31  32  33  34  35  36  37  38  39  40
 [41]  41  42  43  44  45  46  47  48  49  50  51  52  53  54  55  56  57  58  59  60
 [61]  61  62  63  64  65  66  67  68  69  70  71  72  73  74  75  76  77  78  79  80
 [81]  81  82  83  84  85  86  87  88  89  90  91  92  93  94  95  96  97  98  99 100
> |
```

그림 2-2. 100개의 항목을 갖는 벡터 출력

`:`는 범위를 정의할 수 있는 단축기호이다. 1:100을 입력하면 1부터 100까지 모든 숫자를 반환할 것이다. 결과는 벡터이며 각각의 행마다 첫 번째 열에 데이터 값의 항목 위치를 반환하는 방법을 명확하게 볼 수 있다.

RStudio 통합개발환경(IDE)으로 돌아가자, 이 도구를 사용하는 방법에 더 깊이

파고들면 R 프로그래밍과 벡터에 대해 더 많은 것을 배울 수 있을 것이다.

터미널(Terminal)

방금 소개한 콘솔(Console)은 단순히 R을 다운로드하고 코딩을 시작하면 사용할 수 있는 화면이다. 이 콘솔은 R과 소통하면서 작업할 때는 훌륭하지만, RStudio는 단순한 R 콘솔보다 많은 기능을 제공한다. RStudio를 개발환경을 통합하는 일부 RStudio 기능을 살펴보자.

콘솔 화면 상단에 있는 콘솔탭 바로 우측에 "터미널(Terminal)" 탭이 있다. 이 탭을 클릭하면 콘솔창과 비슷하게 보이지만 운영 체계에 따른 명령줄이 있는 또 다른 화면을 볼 수 있다. 이 화면은 터미널 화면에서 작업을 해야 할 때 발생하는 상황에 편리하다.

이는 명령어 입력에 부담이 없고, 경우에 따라 운영 체제를 전환해야 하는 사용자는 기억해 두면 좋은 기능이다. "Terminal" 탭을 클릭하고 사용하려는 명령을 입력한다. 예를 들어, 파일과 폴더 목록을 보기 원한다면, 그림 2-3에 보이는 것처럼 명령줄에 `ls`를 입력할 수 있다.

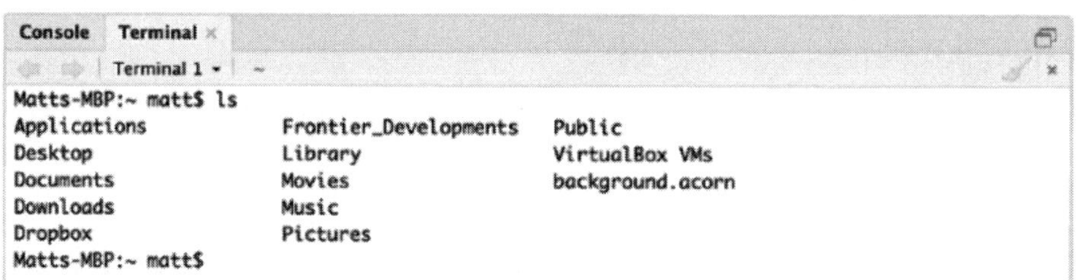

그림 2-3. 터미널 화면 명령 줄

실제 사용할 수 있는 명령어는 운영 체제마다 다르다. 그림 2-4에 보이는 Terminal 탭 바로 아래에 있는 드롭다운 메뉴를 이용해서 도우미 작업 목록에 접근할 수도 있다.

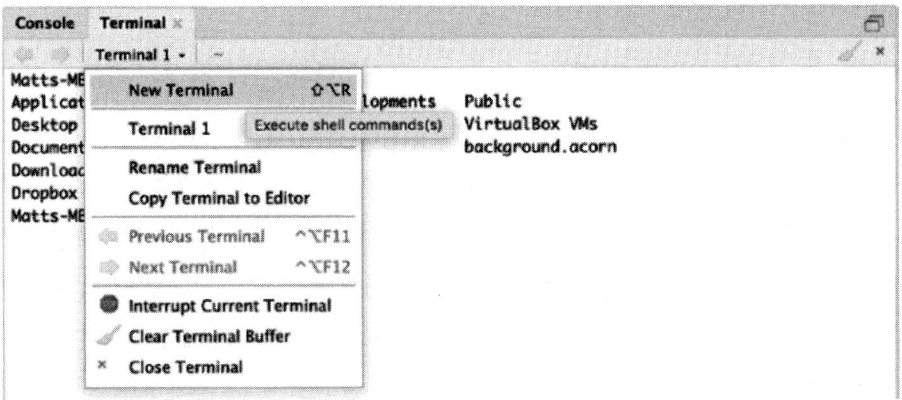

그림 2-4. 명령어 단축키

환경(Environment)

RStudio 환경(Environment) 탭은 콘솔 화면 우측에 위치한 편리한 기능이다. 4가지 탭이 있다: 환경(Environment), 기록(History), 연결(Connections), 그리고 자습서(Tutorial). 그림 2-5는 Environment 탭을 보여주고 있다.

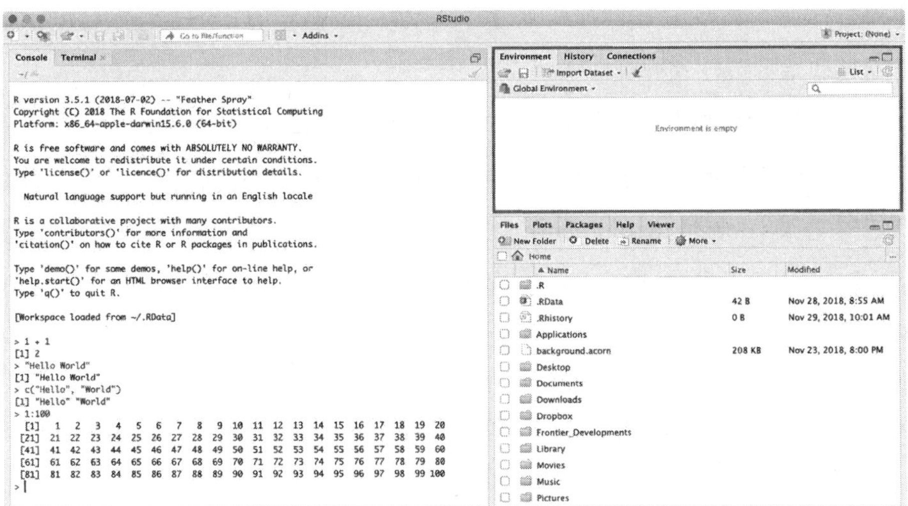

그림 2-5. Environment 탭

R에서, 환경은 작업공간이다. 이 환경에 객체와 데이터를 저장할 수 있다. 예제에서 단순히 전역 환경(Global Environment)을 사용할 것이지만, R에서 환경은 풍

부한 주제를 포함하며 고급 R 프로그래밍 기법에서 사용될 수 있다는 것을 명심해야 한다. 예를 들어, R 함수(재사용이 가능한 코드 단위)마다 자신의 환경을 가지며 프로그래머는 다양한 목적으로 함수들마다 고유한 환경을 할당할 수 있다. 그러나 대부분의 경우, 환경의 세부 사항에 대해 많이 염려할 필요가 없다.

지금은, 어떤 객체를 생성하거나 데이터를 불러오지 않았기 때문에, 환경은 완전히 비워져 있어야 한다. 몇 가지 변수를 생성해서 환경을 변경해보자. 콘솔 화면을 클릭하고 “Hello World” 문자열을 greeting이라는 이름의 객체로 할당함으로써 객체를 생성한다.

```
greeting <- "Hello World"
```

환경창에서 일어나는 일을 파악하기 전에, 슬쩍 지나치려고 했던 새로운 구조를 설명해야 한다. 맨 오른쪽부터 위의 서술문을 분해해 보자.

“Hello World”는 처음에 입력한 내용과 동일한 문자열이다. 문자열은 따옴표로 에워싸인 문자 세트이다. 숫자처럼 문자열도 일종의 데이터이다. 문자열 왼쪽에 있는 생소한 기호 세트 <- 을 할당 연산자(assignment operator)로 부른다. 연산자가 하는 일은 데이터 값을 객체로 할당하는 것이다. 연산자가 하는 일은 데이터 값을 객체로 할당하는 것이다.

여기서 객체는 연산자 왼쪽에 있으며 greeting으로 표시되어 있다. 위에 있는 코드를 입력하고 Enter 키를 누르면, “Hello World” 값을 객체 greeting으로 할당하고 전역 환경(Global Environment)에 포함시킨다. 이제, 그림 2-6에 보이는 것처럼, RStudio 화면의 오른쪽 구역에서 전역 환경에 포함된 내용을 볼 수 있다.

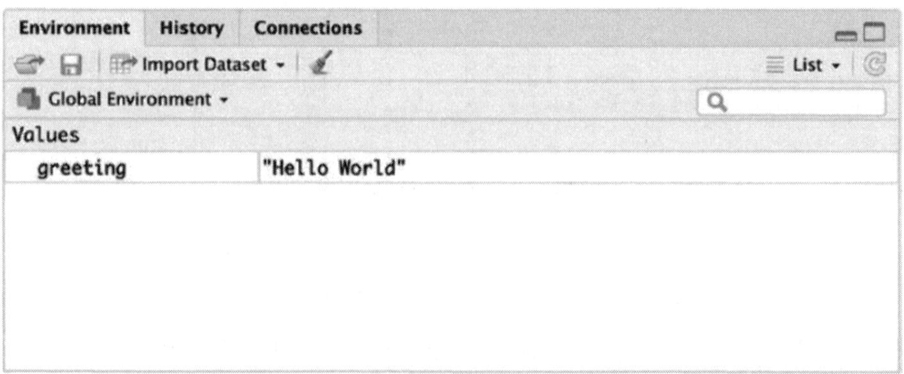

그림 2-6. Environment 탭에서 객체 보기

현재의 작업 상태를 보면서 데이터 분석을 실행하는 환경 탭은 정말 좋은 도구이다. 결과를 한 눈에 볼 수 있으며 기대하는 변수가 올바른지 확인할 수 있다. 이런 기능만으로도 RStudio를 데이터 프로그래밍에 반드시 필요한 도구가 되게 한다. 그러나 이것이 전부가 아니다.

환경 위젯(Environment widget)도 작업 내용을 저장할 수 있으며 다른 환경을 열어 볼 수 있다. 따라서, 하루 종일 데이터 문제를 다루면서 모든 데이터와 변수들을 저장하고 싶으면, 플로피 디스크 아이콘을 사용해서 그렇게 할 수 있다. 환경에 포함된 내용을 보려면, 단순히 폴더 아이콘을 사용해서 저장했던 환경 파일을 탐색한다.

데이터 가져오기

사용자 모두에게 도움을 주는 또 다른 기능은 SAS와 Excel 같은 다른 데이터 분석 도구로부터 데이터를 가져오는 것이다. Import Data 버튼을 클릭하면 그림 2-7에 보이는 것처럼 데이터 분석으로 데이터를 가져오는 옵션을 볼 수 있다.

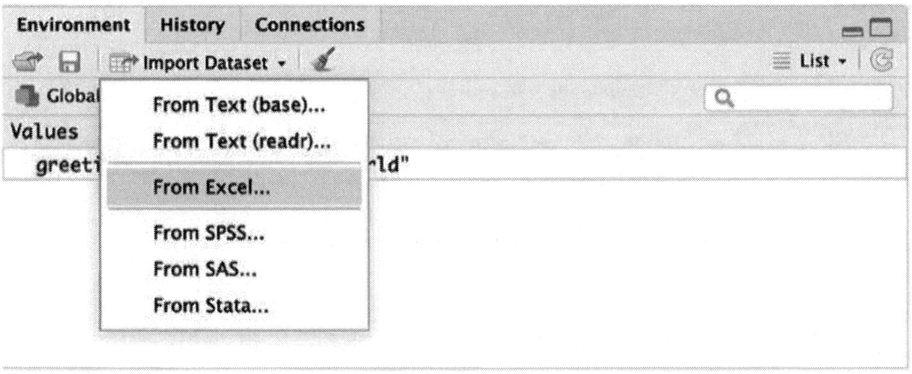

그림 2-7. 데이터 세트 가져오기

선택사항을 하나씩 클릭해 보면 이들 출처로부터 쉽게 RStudio로 데이터를 가져오기 위하여 사용할 수 있는 가져오기 마법사(Import wizard)가 시작할 것이다. 끝으로, 화면에서 모든 내용의 환경을 지우기 위해 사용할 수 있는 친숙한 빗자루 아이콘도 볼 수 있다.

데이터 세트

가져오기 기능을 보여주기 위하여, https://catalog.data.gov/dataset/mypyramid-food-raw-data 사이트에서 Food Pyramid 데이터 세트를 다운로드한다. 그림 2-8에 Food Pyramid 웹사이트가 보여진다.

이 데이터는 Excel로 저장되어 있으며, 단순히 데이터 세트 가져오기 도구(Import Dataset Tools)를 사용해서 R로 데이터 세트를 가져와서 데이터를 검사할 수 있다. 이 예제를 따라 진행하기 원하면, 위의 URL을 방문한 다음 웹 페이지에서 zip 파일을 다운로드한다.

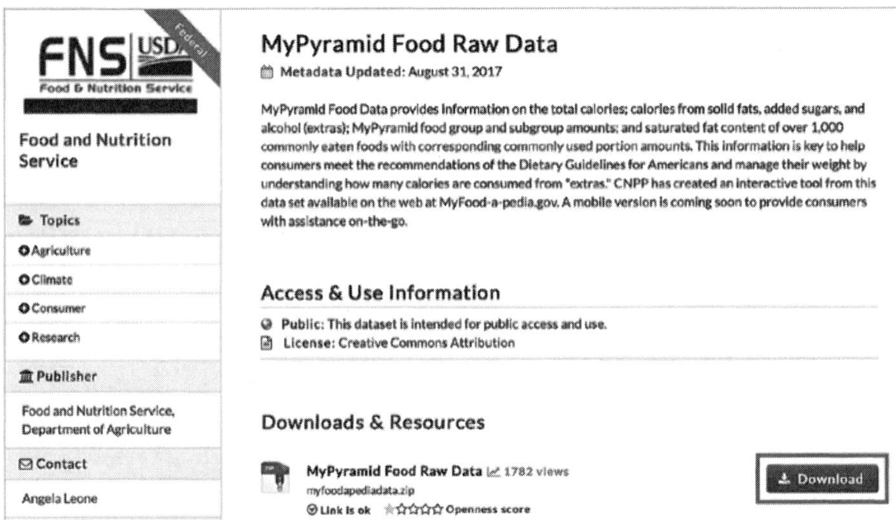

그림 2-8. Food Pyramid 데이터 다운로드 사이트

zip 파일을 열고 Food_Display_Table.xlsx라는 이름을 가진 파일을 찾는다. 이 파일은 분석에 사용될 Excel로 포맷된 데이터 세트이다. 이제 RStudio의 File 메뉴에서, "Import Dataset" 버튼을 클릭하고 "From Excel..."을 선택한 다음 "Browse" 버튼을 클릭한다. 그림 2-9는 이 예제의 화면을 보여준다. 단, 엑셀 데이터 세트를 가져올 때 "There is no package called cellranger"라는 에러 메시지가 나타나는 경우, 3장의 패키지관련 절을 참고해서 "cellranger" 패키지를 설치한 다음 다시 시도한다.

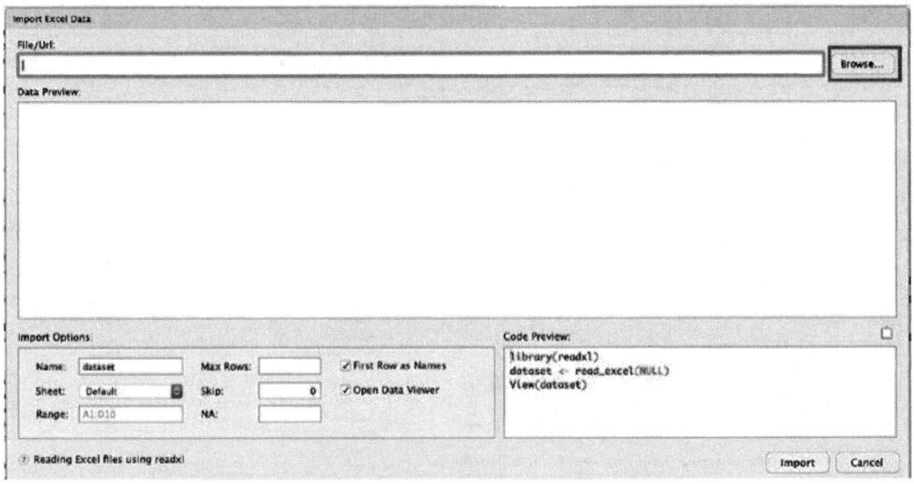

그림 2-9. Excel 데이터 가져오기

그런 다음, Food_Display_Table.xlsx 이름의 Excel 파일이 위치한 장소를 탐색한다. 데이터 가져오기 미리보기 화면은 처음 몇 행의 데이터, 그리고 그림 2-10에 보이는 것처럼 인터페이스를 사용하지 않고, 나중에 이 데이터 세트를 다시 가져올 수 있도록 복사할 수 있는 코드로 채워진다.

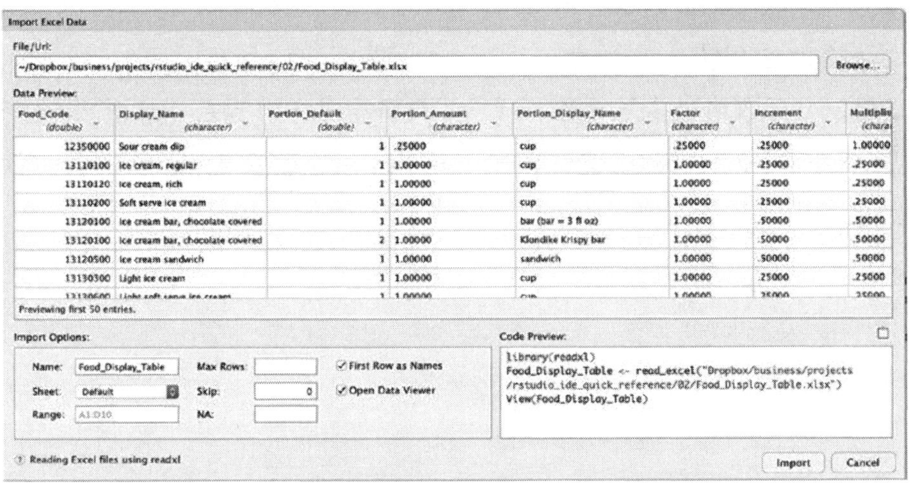

그림 2-10. 데이터 가져오기 미리보기

"Import" 버튼을 클릭하면 Import Dataset 화면이 사라지고 RStudio IDE 주화면으로 돌아가게 될 것이다. 그러나, 그림 2-11에 보이는 것처럼 많은 것이 변화했다.

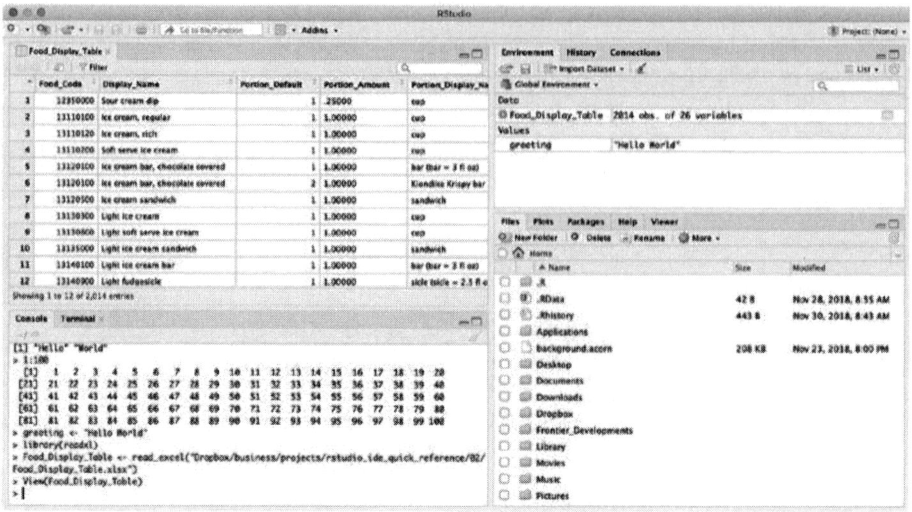

그림 2-11. RStudio에서 확인된 데이터 세트

코드 편집기 창에 나타난 데이터를 볼 수 있다. 이 새로운 화면에서 데이터를 여과하고 데이터 세트를 찾기 위하여 제어 기능을 사용할 수 있다. 데이터 세트는 전역 환경(Global Environment) 화면에도 나타나며 자동으로 Food_Display_Table으로 명명되었다. 이는 R 코드에서 이 데이터 세트를 참조할 때 사용되는 이름이다. 예를 들어, 처음 몇 행의 데이터를 보기 위하여 콘솔창(Console)에서 R의 head 함수를 사용할 수 있다.

그림 2-12에 보이는 출력 내용은 데이터 세트에 대한 더 많은 정보를 제공한다. 일단 데이터와 R을 더 많이 안다면, 데이터 세트 이름을 분석으로 공급되는 입력값으로 사용할 수 있다.

```
Console  Terminal ×
~/
> View(Food_Display_Table)
> head(Food_Display_Table)
# A tibble: 6 x 26
  Food_Code Display_Name Portion_Default Portion_Amount Portion_Display… Factor
      <dbl> <chr>                  <dbl> <chr>          <chr>            <chr>
1  12350000 Sour cream …               1 .25000         cup              .25000
2  13110100 Ice cream, …               1 1.00000        cup              1.000…
3  13110120 Ice cream, …               1 1.00000        cup              1.000…
4  13110200 Soft serve …               1 1.00000        cup              1.000…
5  13120100 Ice cream b…               1 1.00000        bar (bar = 3 fl… 1.000…
6  13120100 Ice cream b…               2 1.00000        Klondike Krispy… 1.000…
# ... with 20 more variables: Increment <chr>, Multiplier <chr>, Grains <chr>,
#   Whole_Grains <chr>, Vegetables <chr>, Orange_Vegetables <chr>,
#   Drkgreen_Vegetables <chr>, Starchy_vegetables <chr>, Other_Vegetables <chr>,
#   Fruits <chr>, Milk <chr>, Meats <chr>, Soy <chr>, Drybeans_Peas <chr>, Oils <chr>,
#   Solid_Fats <chr>, Added_Sugars <chr>, Alcohol <chr>, Calories <chr>,
#   Saturated_Fats <chr>
>
```

그림 2-12. R의 head 함수

기록(History)

환경 탭 다음에 있는 탭을 클릭하면 지금까지 R 세션에서 입력한 모든 명령어 기록(log)을 볼 수 있다. 이 기능은 결과를 찾았을 때 많은 도움이 되지만, 특정 지점에 어떻게 도달했는지 잘 기억나질 않을 때가 있다. 그때까지 취한 단계 목록을 보려면 단순히 로그를 살펴보면 된다.

그림 2-13에 보이는 History 탭은 기록 화면에 보이는 한 줄 단위의 코드를 R 콘솔 화면으로 되돌리기 위하여 사용할 수 있는 편리한 기능들도 가지고 있다. 탐색 아이콘이 있는 텍스트 영역을 이용해서 특정 라인의 코드를 찾을 수도 있다. 이 기능은 어떤 객체의 속성을 변경할 때 편리할 수 있지만, 잠재적으로 긴 목록의 명령문 가운데 수정했던 정확한 위치를 찾는데 어려움이 있을 수 있다.

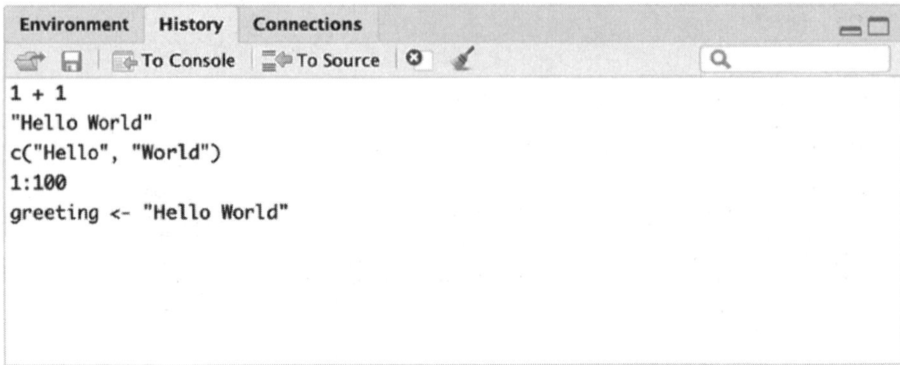

그림 2-13. History 탭

연결(Connections)

마지막으로, 연결(Connections) 탭은 지역 데이터 베이스 또는 Spark 클러스터같은 데이터 소스를 연결하는 방법을 제공한다. 데이터 세트가 너무 커서 단순히 지역적으로 컴퓨터에 저장할 수 없을 때 이런 유형의 데이터 스토리지 솔루션(Data storage solutions)이 사용된다. Connections 탭을 클릭하면 목록이 비어 있지만, ODBC(데이터 베이스) 또는 Spark를 연결하는 옵션이 있다.

프로젝트에 필요한 데이터 베이스를 연결하는 정보를 가지고 있다면, 이 인터페이스를 이용해서 연결할 수 있다. RStudio는 데이터 베이스를 연결하는 과정을 안내하며 데이터 소스와 함께 작업하기 위해 필요한 어떤 패키지라도 설치할 것이다. 이 화면은 R 코드로 자신이 생성했던 어떤 데이터 소스 연결이라도 보여줄 것이다.

결론

이 장에서, 핵심적인 R 데이터 구조인 벡터를 소개하였다. 그 밖에, 다양한 RStudio IDE의 기본 기능을 터득하였다. 끝으로, R에서 사용되는 데이터 베이스를 간략하게 소개하였다. RStudio IDE 여행을 계속하면, 이런 객체들을 다시 만나게 될 것이며, 보다 자세하게 다룰 것이므로, RStudio가 데이터 분석에 어떻게 도움을 주는지를 이해할 수 있을 것이다.

제 3 장

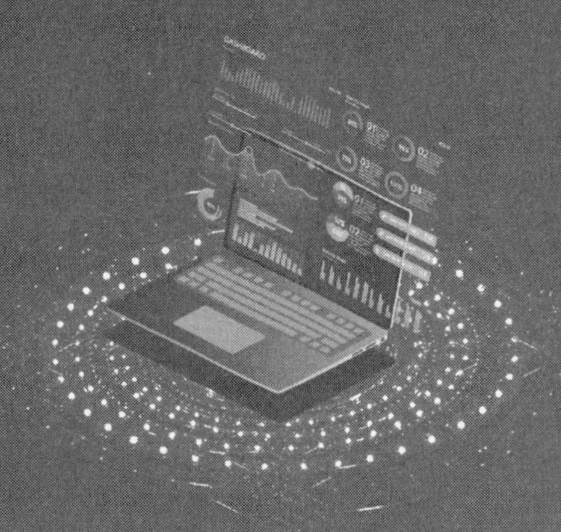

RStudio 둘러보기

계속 RStudio IDE를 여행해 보자. RStudio IDE는 4개의 페인(pane) 또는 창으로 배치된 화면으로 구성되며, 이미 이전 장에서 2개의 화면을 자세하게 살펴보았다. 대화형 R 코드를 작성할 수 있는 Console 화면과 R의 환경 상태를 볼 수 있는 Environment and History 화면을 공부했다. 데이터 프레임(data frame)은 3번째 창에서도 열 수 있지만, 이 영역의 RStudio 인터페이스를 이용해서 더 많은 작업을 할 수 있다. 이제 남아 있는 화면들을 살펴보도록 하자.

✲ 파일, 플롯, 패키지, 도움말 및 뷰어 창

기본적으로, 오른쪽 하단에 있는 창(pane)은 파일(Files), 플롯(Plot), 패키지(Packages), 도움말(Help), 그리고 뷰어(Viewer)라고 표시된 탭들이 보일 것이다. File 탭은 현재 작업하고 있는 폴더에 파일을 보여준다. 작업 폴더는 작업한 내용이 저장되는 장소이다. 이 창은 본질적으로 RStudio로 통합된 Windows Explorer 또는 Mac Finder 앱이다.

파일(Files)

Files 탭은 RStudio를 벗어날 필요없이 파일을 열고 전반적으로 작업할 수 있는 편리한 기능들을 포함한다. 이 기능은 파일 삭제 및 명칭 변경같은 작업들을 포함한다. 그림 3-1에서 보는 것처럼 R 작업 폴더를 설정할 수도 있다.

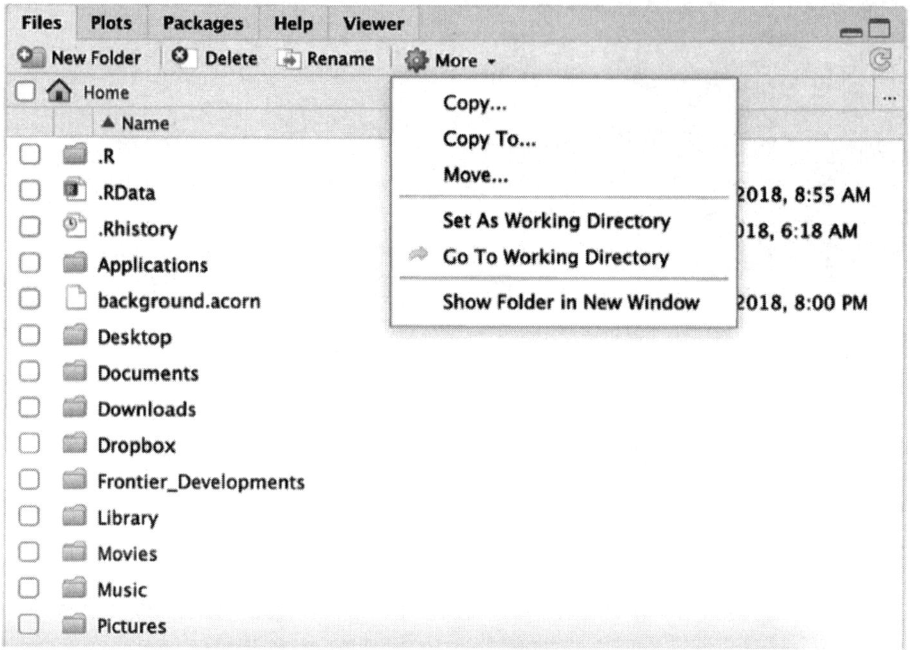

그림 3-1. Files 탭

❦ 플롯(Plots)

R 분석을 하는 동안 생성한 그래프를 보기 위하여 Plots 탭을 이용할 수 있다. 이 탭을 클릭하면, 그림 3-2에 보이는 것처럼, 몇 가지 기능 버튼을 포함한 빈 화면을 볼 수 있다.

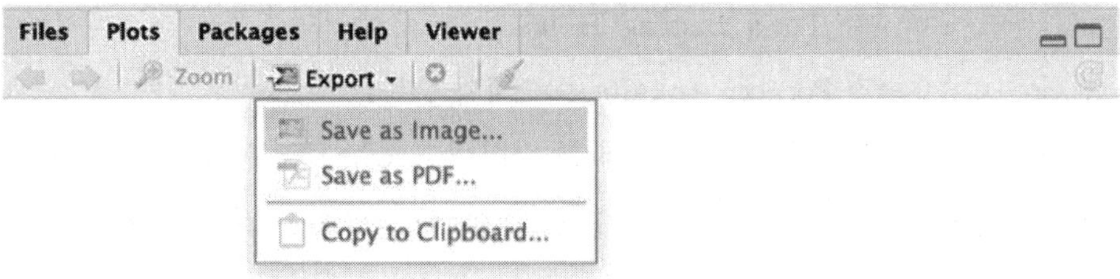

그림 3-2. Plot 탭의 함수

이 화면에서 그래프를 살펴보고, 그래프를 화일로 내보내며, 생성한 일련의 그래프들을 탐색할 수도 있다. 이 위젯(widget)은 데이터를 살펴보고 조사하는 동안 정리된 상태가 되도록 도움을 준다. 이 특징을 보다 자세하게 보여주기 위하여, 잠시 Console 화면으로 넘어가서 데이터 유형을 변환하고 그래프를 생성할 필요가 있다.

데이터 유형 변환 소개

이전 장에서 가져오기한 데이터를 사용할 수 있다. 제대로 따라왔다면, 데이터의 이름은 Food_Display_Table이다. 이 데이터를 사용해서 그래프를 그리기 전에, "데이터를 위장(data munging)"해야 한다. 데이터 변환은 분석용으로 사용할 수 있도록 데이터를 재구성하는 과정이다.

> **메모** 여기서 "데이터세트(dataset)"과 "데이터 프레임(dataframe)"이라는 용어를 교환하며 사용하고 있다: 그러나 R에서 작업하고 있는 객체의 기술적 이름은 데이터 프레임(dataframe)이다. "데이터세트(dataset)" 용어는 분석 환경에서 모든 데이터 세트에 적용하는 일반 용어이다.

이 그래프에 대하여, Food_Display_Table 데이터 프레임의 2개의 열을 파악하기를 원한다: Calories과 Portion_Amount. 이 2개의 항목은 서로 관련있는 것처럼 보이기 때문에, 그래프를 이용해서 데이터가 나타내고 있는 내용을 이해하게 해주는 단서처럼 행동하는 모든 패턴을 보여 주는지 여부를 파악하는 것은 당연하다.

첫 번째로 하고 싶은 작업은 관심있는 열의 데이터 유형을 확인하는 것이다. R `class` 함수를 이용해서 이런 작업을 할 수 있다.

```
class(Food_Display_Table$Calories)
```

함수 이름, class가 보이며, 괄호안에 확인하고 싶은 객체를 포함시켰다. 데이터 프레임 이름(Food_Display_Table)을 이미 알고 있었지만, 지금은 달러 기호 **$**와 변수 이름 Calories도 보인다. 데이터 프레임 Food_Display_Table의 각 열은 이런 방식으로 참조된다. 위에서 Calories 열의 데이터 유형을 파악하기 위하여 `class` 함수를 이용했으며, 결과로 "character"를 반환하였다.

그래프에 사용하려면, 데이터 유형은 수치형(numeric)이어야 한다. 다행이 데이터 유형을 변경하는 것은 아주 쉽다. `as.numeric` 함수를 사용한 다음, 그 결과를 다시 데이터 프레임으로 되돌려 할당함으로써 데이터 열을 수치형으로 만든다.

```
Food_Display_Table$Calories <- as.numeric(Food_Display_
Table$Calories)
```

이 코드는 Calories 데이터의 문자형 버전을 동일한 데이터의 수치형 버전으로 대체한다. 다음과 같이 같은 class 함수를 이용해서 데이터 유형을 재확인할 수 있다.

```
class(Food_Display_Table$Calories)
```

이번에 콘솔창은 반드시 "numeric"을 반환해야 한다. 계속해서 그래프 그리기로 이동하기 전에, Portion_Amount 열에 대해서도 데이터 유형을 수치형으로 변경해야 한다. 위에서 Calories에 대하여 사용한 것과 같은 과정을 따른다. 모든 작업을 마치면 콘솔창에서 그림 3-3같은 화면을 보게 될 것이다.

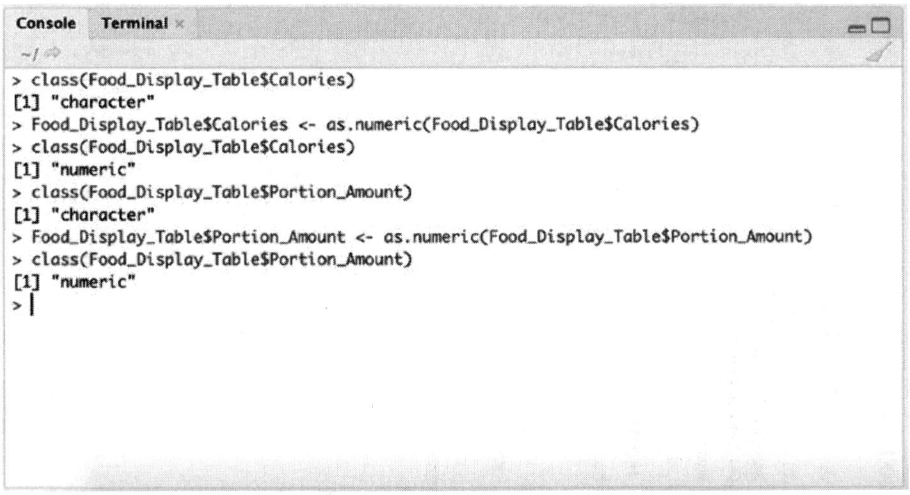

그림 3-3. 데이터 유형 변경하기

그래프 생성

이제 그래프를 생성할 준비가 되었다. 콘솔 화면에 다음과 같은 코드를 입력한다.

```
plot(Food_Display_Table$Portion_Amount, Food_Display_
Table$Calories)
```

이제 Plots 탭에 그래프는 그림 3-4에 보이는 것처럼 보일 것이다.

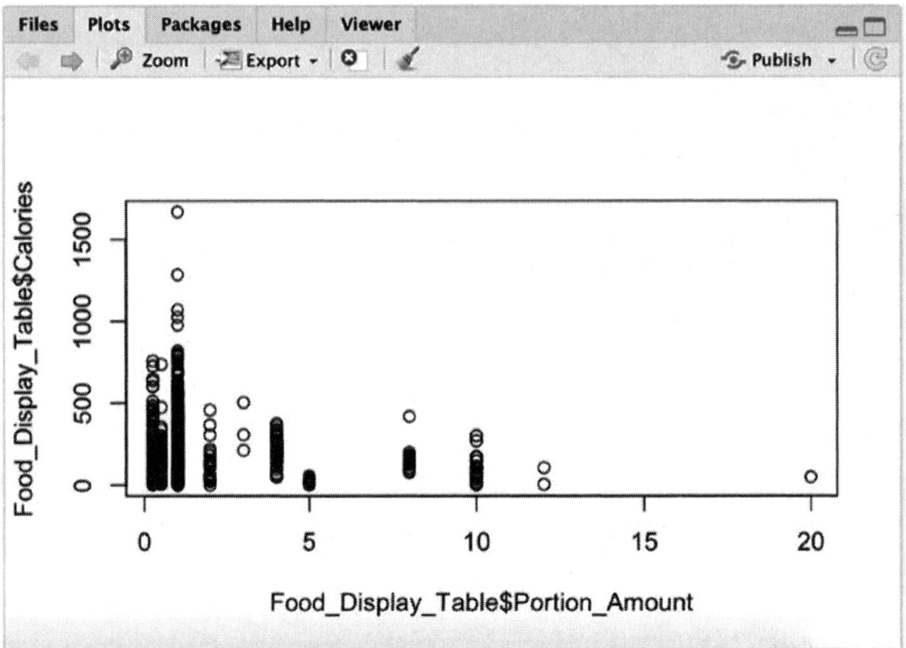

그림 3-4. R에서 그래프 생성하기

그림 3-4는 X축에 Portion_Amount를 Y축에 Calories를 보여준다. 아주 단순한 그래프이지만, 데이터 점들 간의 상관관계를 파악하기 충분하다. 어느 시점에서 기본 R을 확장하고 보다 우수하게 시각화하는 패키지에 대해 배우겠지만, 패키지 모두 기본적으로 Plots 탭에서 같은 방법으로 작업을 한다.

패키지(Packages)

"Packages"로 표시된 다음 탭은 사용가능한 R 패키지 목록을 보여준다. 패키지 목록이 어떻게 생겼는지 파악하려면 그림 3-5를 보라.

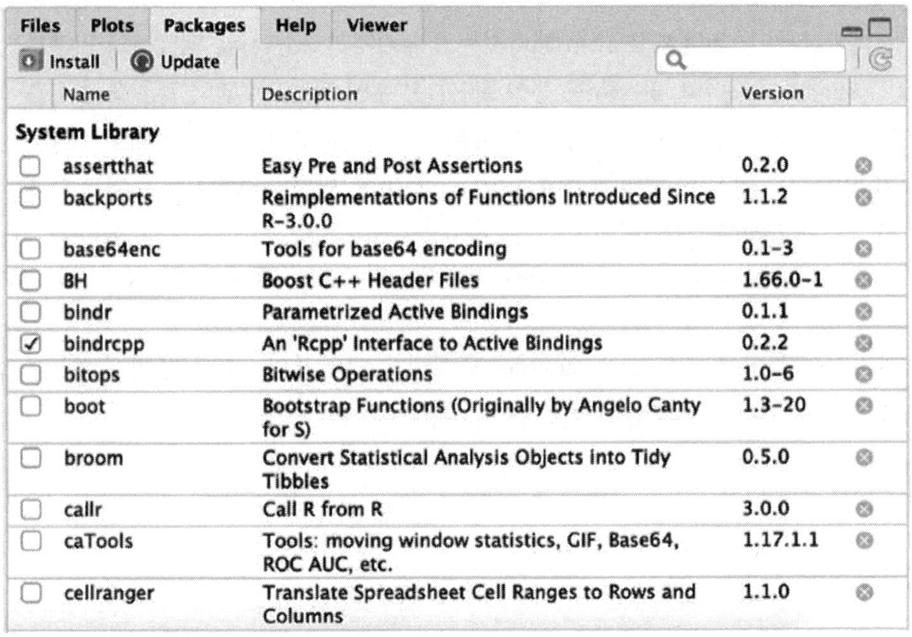

그림 3-5. 패키지 뷰어

R 패키지는 1장에서 R을 설치했을 때 얻은 기본 R 시스템의 확장이다. R 패키지는 커뮤니티 기여자들이 작성하고 누구나 사용할 수 있다. 패키지들은 CRAN 네트워크에 의해서도 관리되지만, RStudio 사용자는 Packages 탭으로 이 모든 패키지들을 관리할 수 있다.

그림 3.5의 스크린샷에서 보이는 것은 컴퓨터에 설치된 모든 패키지 목록이다. 체크마크는 패키지가 R 환경으로 로딩되어 사용할 준비가 됐다는 것을 의미한다. 특정 패키지를 체크하면, 패키지를 로드하는 코드가 콘솔 화면에 나타날 것이다.

예를 들어, `broom` 패키지를 사용하기 위하여 체크박스를 클릭하면, 콘솔 화면에 다음 코드가 나타날 것이다.

```
library("broom", lib.loc="/Library/Frameworks/R.framework/
Versions/3.5/Resources/library")
```

정확한 위치는 R 버전과 운영 체제마다 다르다, 일단 이런 방법으로 패키지를 로딩하면, 이전에 사용했던 기본 R 시스템과 같은 방법으로 해당 패키지에 포함된 데이터세트와 함수들을 사용할 수 있다.

메모 위에서 broom 패키지는 R 패키지의 tidyverse 패밀리의 일부분이다. Broom은 선형 회귀같은 분석 기능으로부터 얻은 복잡한 출력을 다른 기능의 입력으로서 손쉽게 사용되는 단순한 데이터 프레임으로 변환하기 위해 사용된다. 이 책의 후반에서 Broom같이 꼭 필요한 패키지들을 더욱 자세하게 다룰 것이다.

패키지를 설치하기 위하여 Packages 탭에서도 인터페이스를 사용할 수 있다. 설치하려는 패키지 이름을 알고 있다면 "Install" 버튼을 클릭하면 그림 3-6 같은 다이얼로그 상자가 나타날 것이다.

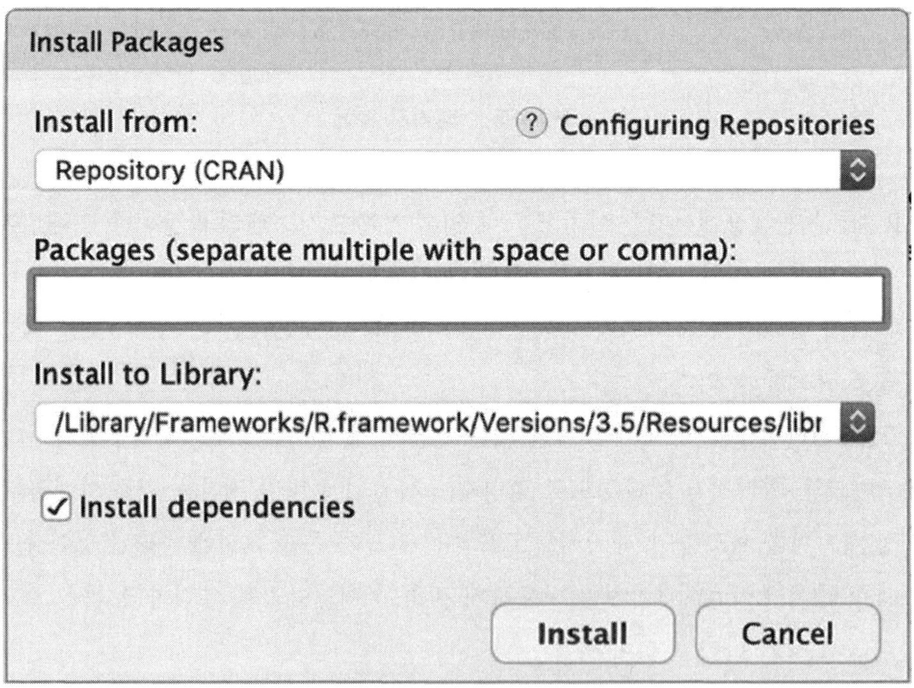

그림 3-6. R 패키지 탭

설치하려는 패키지 이름을 입력하고 "Install" 버튼을 클릭한다. CRAN 네트워크에 유효한 모든 패키지를 제공하기 때문에, 기본값을 그대로 유지한다.

마지막으로, 패키지 목록에 보이는 각 패키지 이름은 패키지 문서에 접근하는데 사용할 수 있는 하이퍼 링크이다. 이런 문서는 패키지를 설치할 때 함께 설치된다.

패키지 사용법을 배우기 위하여 패키지 이름을 클릭한다. 그러면 자동으로 Packages 탭의 오른쪽에 나타나는 Help 위젯으로 데려다 줄 것이다.

❦ 도움말(Help)

Help 탭은 웹 브라우저처럼 설정되며 주제를 찾도록 도움을 주는 요소들을 포함한다. 그림 3-7에 보이듯이 웹 페이지처럼 나타나는 내용들을 탐색할 수 있다.

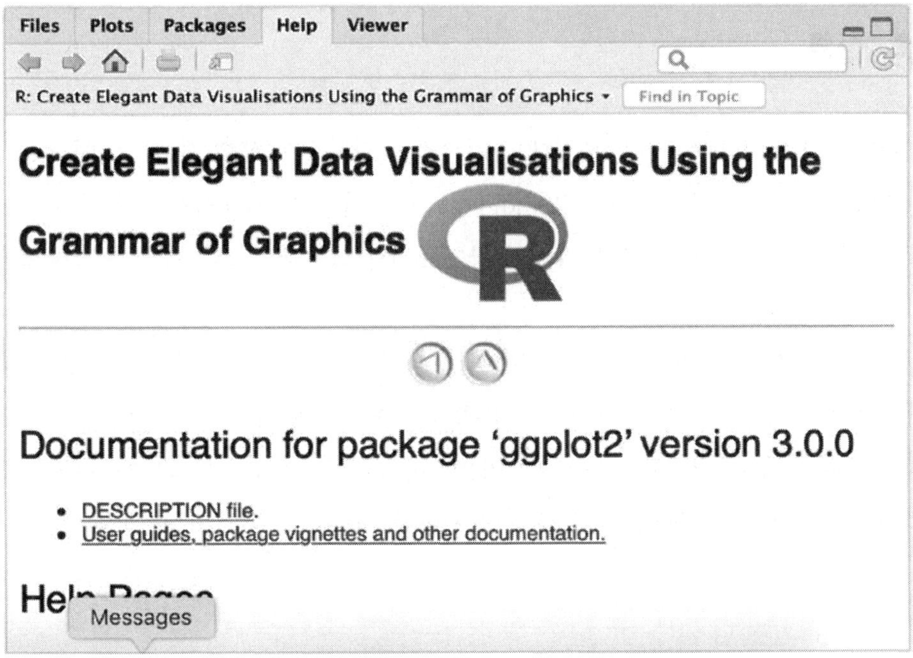

그림 3-7. Help 탭

그림 3-7에 보이는 화면에서 `ggplot2`로 부르는 `tidyverse` 패키지에 관한 문서를 볼 수 있다. 이 패키지는 기본 플롯 함수만을 이용해서 생성하는 것보다 풍부한 데이터 시각화를 구현할 수 있도록 도움을 준다. Help 화면을 이용해서 이와 같은 패키지에 대하여 더욱 자세한 내용을 공부하거나 탐색 기능을 이용해서 특정 함수에 대한 도움을 얻을 수 있다.

뷰어(Viewer)

RStudio 통합개발환경의 오른쪽 하단에 마지막은 Viewer 탭이다. 아는 R 마크다운(Markdown) 문서처럼 한층 진보된 기능 중 일부의 RStudio 보고서로부터 얻어진 출력이 나타나는 구역이다. R Markdown 문서는 결과를 공유하기 위하여 재현 가능한 방법으로 코드와 결과를 함께 표현하기 위하여 사용된다. 이 책의 후반에서 R Markdown을 다룰 것이다.

✲ 결론

지금까지, RStudio 통합개발환경에서 기본적인 작업을 수행할 수 있는 매우 탄탄한 기반을 다졌다. 기본 상태의 RStudio에서 유효한 모든 기능들을 사용해서 빠르게 데이터를 분석하려면, 모든 4개의 창(pane)과 인터페이스를 탐색하는 방법을 이해해야 한다.

그 과정에서, 기본 R을 이용해 데이터의 유형을 변환하는 방법, 데이터를 탐색하는 방법, 그리고 데이터를 시각화하는 방법을 터득하였다.

그 다음에 명확하고 통찰력있는 그리고 재현가능한 분석을 할 때, RStudio가 우리에게 도움을 주는 방법을 계속해서 탐구할 것이다.

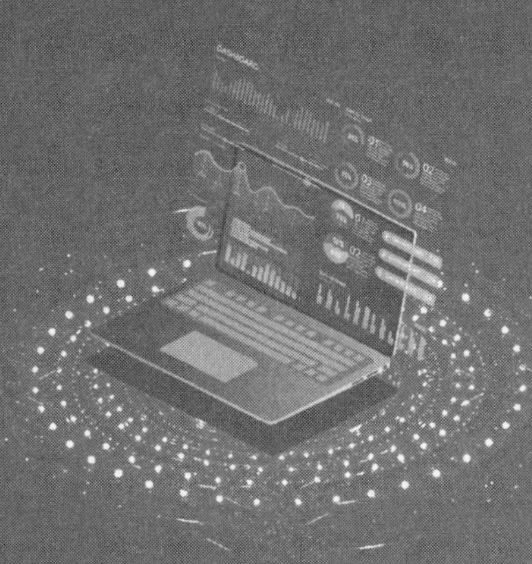

제 4 장

RStudio 프로젝트

지금까지 배운 내용은 다양한 통합 기능들을 R 프로그래밍에 추가하는 것이다. 그러나 재사용할 수 있는 형식으로 모든 내용을 종합하는 방법을 놓치고 있었다. 바로 지금이 RStudio 프로젝트가 작동할 적절한 시점이다.

RStudio 프로젝트는 분석에 사용되는 모든 코드, 보고서, 그리고 다른 자산들을 체계화하기 위하여 사용된다. 어떤 프로젝트를 생성할 때, RStudio는 프로젝트 유형에 따라 요구되는 파일들과 이 외의 모든 자료들을 제공한다.

RStudio 프로젝트 생성하기

그림 4-1에 보이는 것처럼, RStudio 화면 상단의 메뉴바에서 "Files" 그리고 "New Project…"를 선택함으로서 새로운 RStudio 프로젝트를 생성한다.

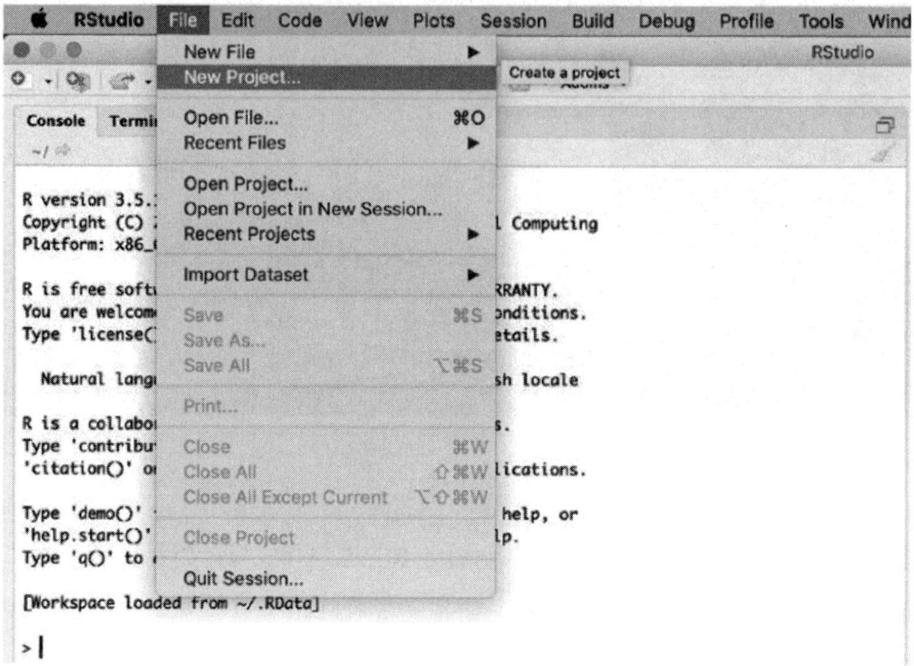

그림 4-1. 새로운 RStudio 프로젝트 생성

이제 그림 4-2에 보이는 것처럼, 새 RStudio 프로젝트 생성에 필요한 몇 가지 선택사항을 보여주는 다이얼로그 상자가 나타날 것이다.

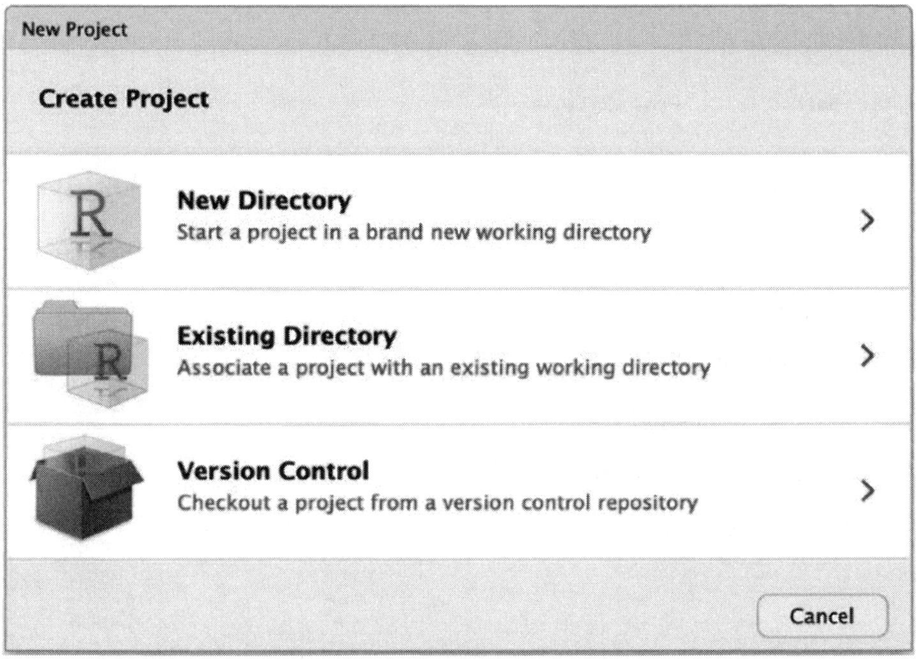

그림 4-2. RStudio 프로젝트 선택사항

일반적으로, 입력하게 될 이름의 새 폴더를 생성하는 첫 번째 선택사항, "New Directory"를 선택한다. 새 폴더에 모든 구성 파일들이 보일 것이다. 그러나, 시작하려는 코드 파일 일부를 이미 가지고 있다면, 두 번째 선택사항, "Existing Directory"을 선택할 수 있다. 끝으로, 이미 존재하는 프로젝트용 git 설정 같은 버전 관리 시스템(version control system)을 갖고 있다면, 세 번째 선택사항, "Version Control"을 선택할 수 있다.

프로젝트 유형

예를 들어 새로운 프로젝트를 생성하기 위하여 "New Directory" 버튼을 클릭했다고 하자.

그림 4-3에 보이는 것처럼, 나타나는 화면은 RStudio 프로젝트 유형의 목록을 보여줄 것이다.

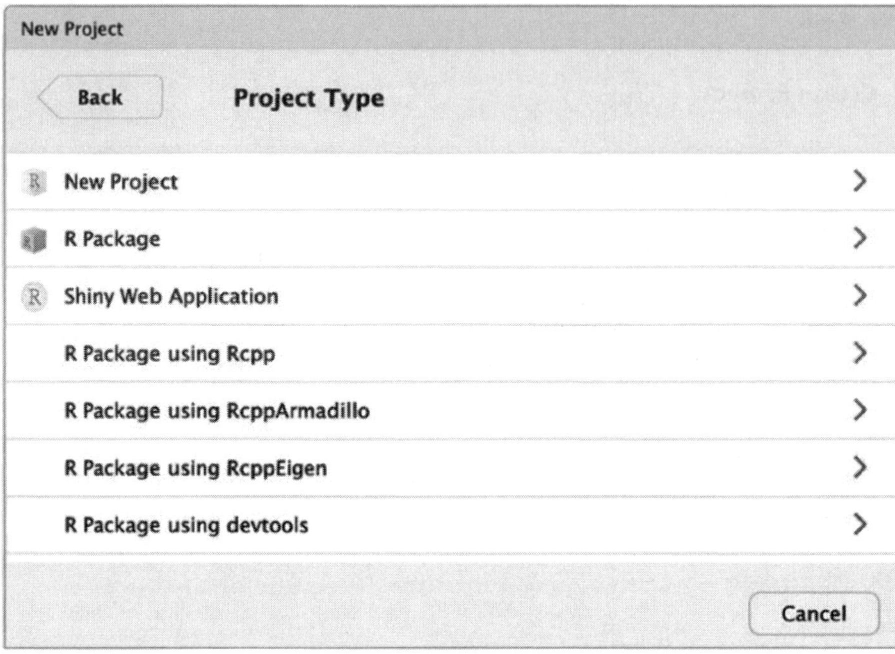

그림 4-3. RStudio 프로젝트 유형

처음 3개는 가장 자주 사용하게 되는 프로젝트 유형이다. 3번째 유형 이후의 모든 프로젝트는 특별한 사용자의 사례를 위한 전문 코드를 포함한다. 프로젝트 유형을 나타내는 서술 목록에 "Rcpp"가 포함된 모든 프로젝트는 C++ 코드 라이브러리를 병합하기 위하여 사용된다. "devtools"을 사용하는 프로젝트는 `devtools` 라이브러리로 R 패키지를 생성할 때 사용되며, "sparklyr" 프로젝트는 Spark 와 함께 작업하는 패키지를 생성하게 된다. 그러나, RStudio 프로젝트 유형 목록에 "R Package using Spark"이 보이지 않는 경우, 6장(필수 R 패키지)를 참고해서 sparklyr 패키지를 설치한 다음에 위의 단계를 반복하면 목록 마지막 부분에 "R Package using Spark"이 보일 것이다.

"Packages" 프로젝트는 일련의 재사용할 수 있는 R 객체를 생성하기 위하여 설정된다. 이런 프로젝트는 이 장에서 학습한 것보다 조금 더 발전된 것이며 나중에 다시 설명할 것이다. 프로젝트 전반에 걸쳐 신뢰할 수 있는 코드가 있을 때 RStudio 프로젝트를 생성할 수 있다는 것을 그냥 알아두기 바란다.

이 예제의 경우, 그림 4-4에 보이는 것처럼, 분석에 가장 적합한 프로젝트를 생성하기 위하여 "New Project" 버튼을 클릭한다.

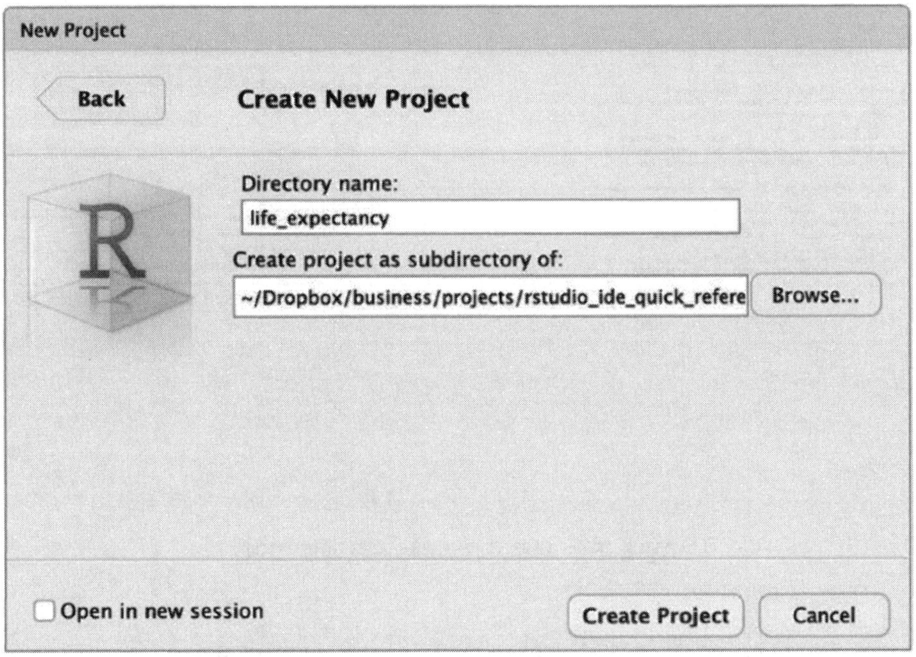

그림 4-4. Life Expectancy RStudio 프로젝트

기대수명율(life expectancy rates)을 보여주는 http://www.data.gov 사이트에서 데이터 탐색을 하려고 하기 때문에, 프로젝트 이름을 "life_expectancy"로 명명하였다. 이제, 프로젝트가 저장되기 원하는 디렉토리(Mac에서는 폴더로 알려진)를 선택한 다음, RStudio 프로젝트를 생성하기 위하여 "Create Project" 버튼을 클릭한다.

RStudio 프로젝트 둘러보기

이제 프로젝트에 새로운 공간을 가지게 되었다. 새로운 RStudio 프로젝트는 그림 4-4에 보이는 다이얼로그 박스에서 입력한 폴더에 저장될 것이다. RStudio 프로젝트는 자기만의 환경을 가지기 때문에, 프로젝트를 전환하면 작업 내용들은 저장되고 정리될 것이다. 분석에 필요할지 모르는 코드 파일들과 그 외의 것들에 적용된다. 설치된 내용을 살펴보자.

그림 4-5에서, RStudio 프로젝트가 이전 장에서 이미 보았던 것과 비슷하게 보이는 것을 알 수 있다.

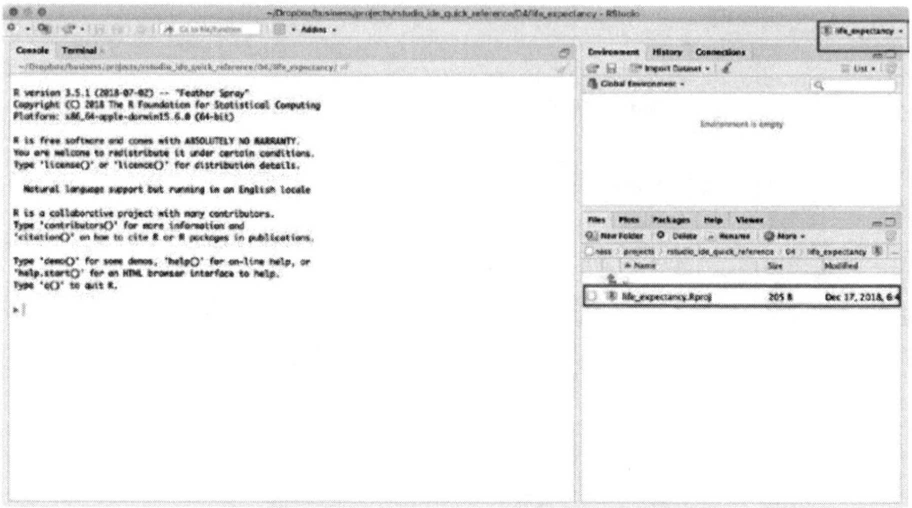

그림 4-5. 새로운 RStudio 프로젝트 화면

그러나 그림 4-5에서, 정상적인 시작 화면과 2가지 다른 변화를 볼 수 있다. 프로젝트 이름과 “Rproj”의 파일 확장자를 가지는 새 파일이 하단 오른쪽 화면에 나타난다. 이 파일은 프로젝트에 대한 모든 설정을 포함한다. 파일 탐색기로 자세히 살펴보면, 이 파일이 프로젝트와 같은 이름의 서브디렉토리(sub-directory) 아래 선택한 디렉토리에 있는 것을 확인할 수 있다.

화면 상단 오른쪽 구석에 프로젝트 이름을 클릭하면, 그림 4-6에 보이는 것처럼, 도움이 될만한 단축키 목록을 찾을 수 있다.

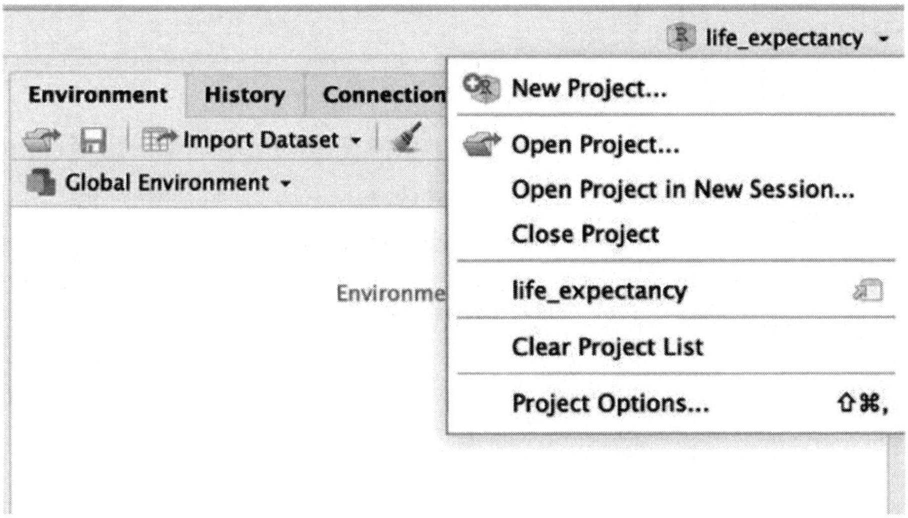

그림 4-6. 프로젝트 단축키

프로젝트를 열고 닫을 수 있으며, 최근에 열어본 프로젝트로 빠르게 탐색할 수 있다. 구체적으로 RStudio 프로젝트 선택사항을 설정할 수 있다.

프로젝트 선택사항은 프로젝트를 위해 생성된 폴더 안에 "Rproj" 확장자를 갖는 파일에 저장된다. 프로젝트 선택사항을 열기 위하여 이 파일을 클릭하거나, 또는 그림 4-6에 보이는 것처럼, 단축키 목록 중 맨 아래에 있는 "Project Options..."을 클릭할 수 있다. 그렇게 하면, 프로젝트 유형을 설정할 수 있는 목록을 보여주는 그림 4-7같은 화면을 볼 수 있다.

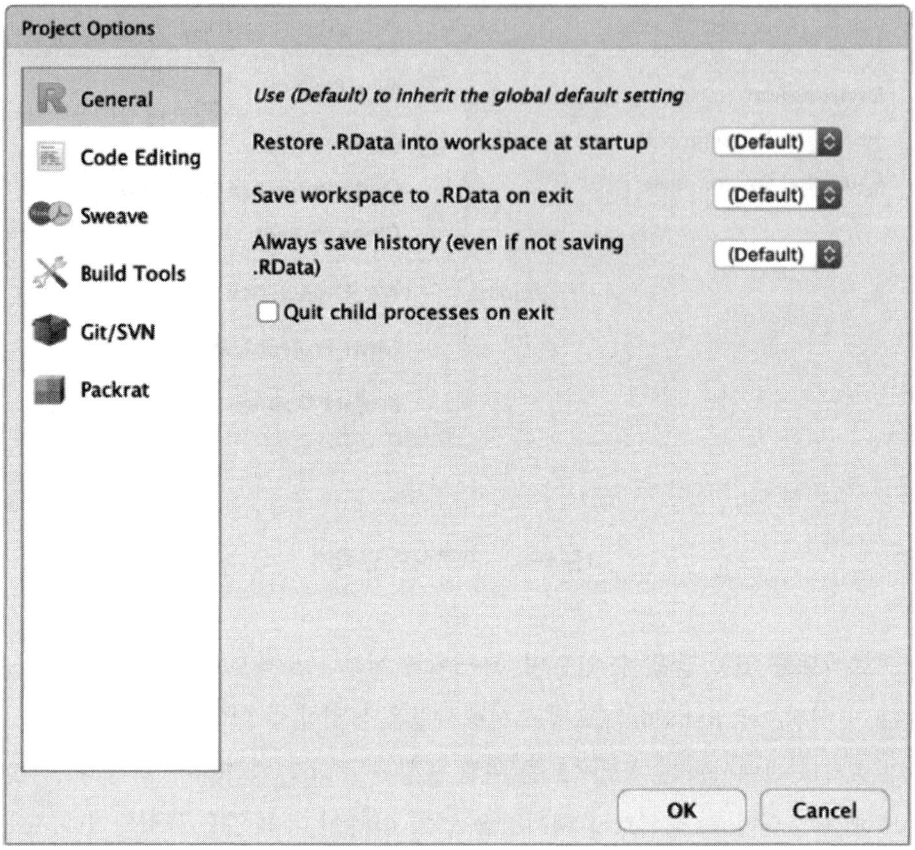

그림 4-7. 프로젝트 선택사항

프로젝트 선택사항들은 RStudio에 대해 설정된 전역 선택사항(global options)에서 상속되며, 대부분은 그대로 내버려두면 된다. 처음 2개 탭은 당장 가장 유용한 것이다. "General" 탭은 분석 상태를 저장할 때 선택하는 설정사항이다. 기본적으로 데이터 환경(environment)과 R 기록(history) 모두를 저장한다. 때때로, 크기가 매우 큰 데이터세트를 로딩해야 한다면, 프로젝트를 여는 시간이 오래 걸리기 때문에 이 선택사항들을 해제하는 것도 좋을 것이다. 일반적으로, 기본설정(default)을 그대로 두는 것이 가장 좋다.

다음 탭은 "Code Editing"이며 그림 4-8에서 보듯이, 코드 편집기 작동 방법을 제어한다.

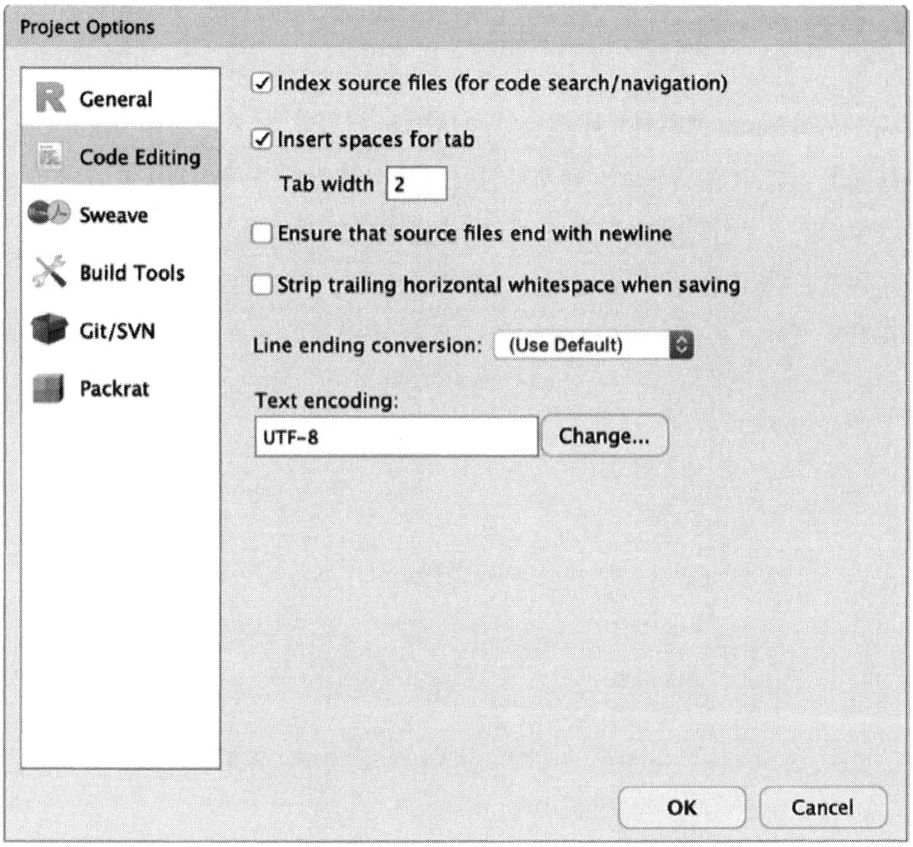

그림 4-8. 코드 편집 선택사항

일반적으로 기본 설정값들을 그대로 유지하는 것이 좋다. 나중에 논의할 일부 코드 도구들이 정확하게 작동하는 여부를 확신해야 하기 때문에, 첫 번째 선택사항 "Index source files"은 체크된 상태로 둔다.

남은 4개의 선택사항 탭들은 이 책의 후반에서 다루게 될 기능에 대한 설정들을 포함한다. 일반적으로 이 선택사항들은 보고서 작성(Reporting), 패키지 빌드(building packages), 그리고 아직 작업 흐름(work flow)에 통합될 준비가 되지 않은 다른 전문화된 특징들을 위하여 사용된다.

✲ 결론

이 장에서 RStudio 프로젝트를 설정하는 방법을 배웠다. 다중 분석에 대한 작업을 시작하게 되면, R 프로젝트는 체계화되며 효율적인 상태가 유지되도록 도움을 준다. RStudio 프로젝트마다 고유의 폴더, 일련의 코드 파일들, 데이터 세트, 그리고 환경을 갖는다. 다음 장에서, 예제를 통하여 RStudio 프로젝트의 체계화된 코드가 효율적인 작업 흐름을 설정하도록 도움을 주는 방법을 논의할 것이다.

제 5 장

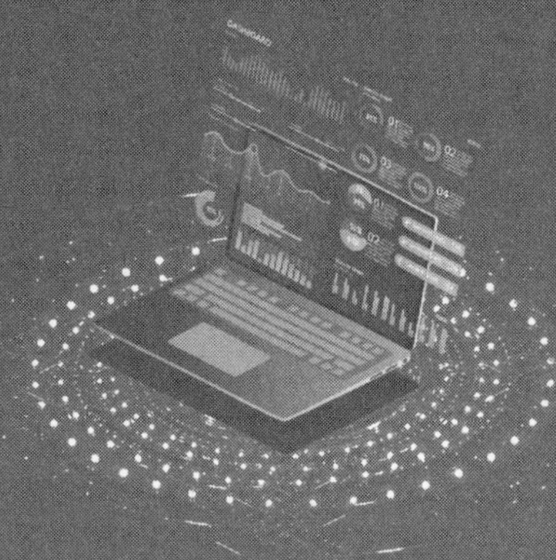

반복 가능한 분석

반복적으로 분석(repeatable analysis)을 할 수 있는 R 프로젝트를 생성하는 방법을 살펴보자. 예를 들어, 이전 장에서 생성한 "life_expectancy"로 불리는 프로젝트로 작업할 것이다. 데이터세트는 국립보건통계센터(National Center for Health Statistics)에서 얻을 것이며 1990년 이후 미국인의 기대 수명을 분석할 것이다. 지금까지 이 책을 잘 따라오고 있었다면, RStudio에서 이미 프로젝트 설정을 마쳤을 것이다. 그렇지 않으면 "life_expectancy"로 표시된 새 RStudio 프로젝트를 생성하기 위하여 이전 장의 단계들을 따른다.

✲ 데이터세트 정리하기

데이터세트를 잘 정리하려면, 우선 프로젝트로 데이터를 읽어와야 한다. 정리를 잘 해두면, 데이터를 저장하는 폴더를 생성하는데 도움을 준다. 그림 5-1에 보이는 것처럼 파일 뷰어창을 이용해서 새 폴더를 생성한다.

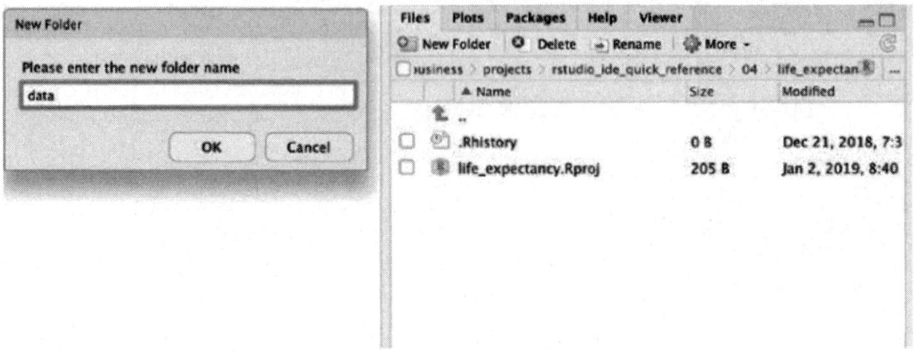

그림 5-1. 새 폴더 생성

RStudio 통합개발환경 화면의 오른쪽 하단에 보이는 Files 탭에서 “New Folder” 탭을 선택하면 나타나는 다이얼로그 상자의 입력란에 단어 “data”를 입력하고 “OK”를 클릭한다. 이제 프로젝트와 관련된 새 폴더를 갖게 될 것이다.

Life Expectancy 데이터 가져오기

데이터세트를 다운로드할 수 있는 웹페이지 https://bit.ly/39RTt5o 에 접속하면 다음 화면을 만날 수 있다.

이 페이지는 다양한 유형의 “Life Expectancy” 데이터를 제공하며 데이터에 대한 자세한 설명도 포함하고 있다. csv 확장자를 갖는 화일을 방금 생성한 “data” 폴더에 저장하기 위하여, 그림 5-2에 보이는 것처럼, 페이지의 “csv” 버튼을 클릭하면 다운로드가 진행될 것이다.

(페이지를 찾지 못했다면 출판사 홈페이지 또는 블로그에서 자료를 다운받을 수 있다)

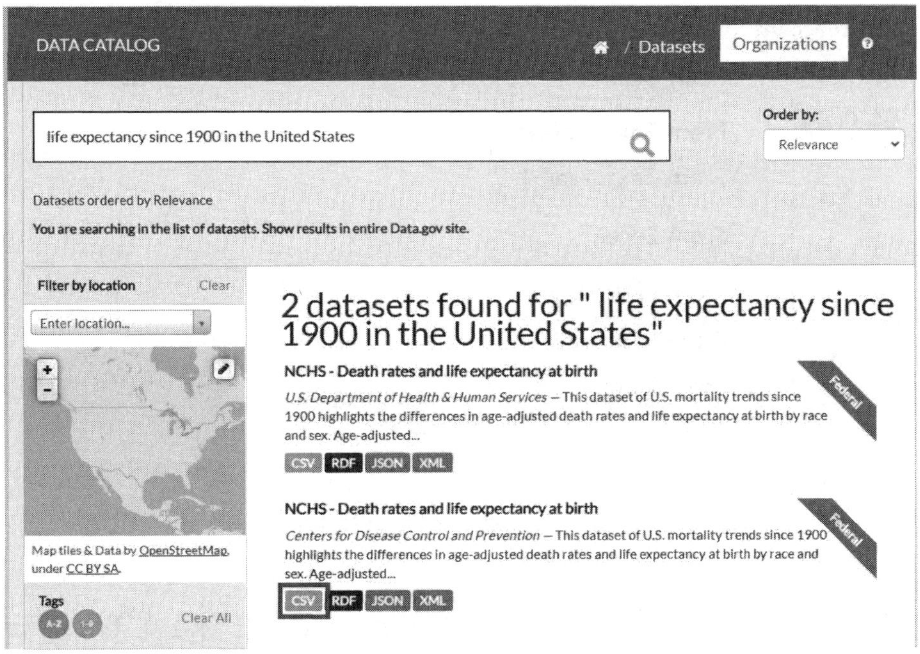

그림 5-2. Life Expectancy CSV 다운로드 링크

"Download" 버튼을 클릭한다. 다운로드 폴더에 저장된 `csv(Comma Separated Value)` 파일이 보이면, csv 파일을 다운로드 폴더로부터 프로젝트에서 방금 생성한 "data" 폴더로 이동시킨다. 컴퓨터의 파일찾기(Finder) 또는 탐색기(Explorer)를 이용해서 파일을 이동시켜야 한다.

RStudio 프로젝트에 데이터세트 추가하기

가공되지 않은 csv 파일이 data 폴더에 저장되어있는 상태이지만, 분석에 사용되기 위하여 데이터는 데이터프레임 객체로 표현되어야 한다. 데이터프레임 객체로 데이터를 읽어들이는 가장 쉬운 방법은 그림 5-3에 보이는 것처럼, RStudio 통합개발환경 오른쪽 상단에 있는 환경(environment) 탭에 있는, "Import Dataset" 기능을 이용하는 것이다.

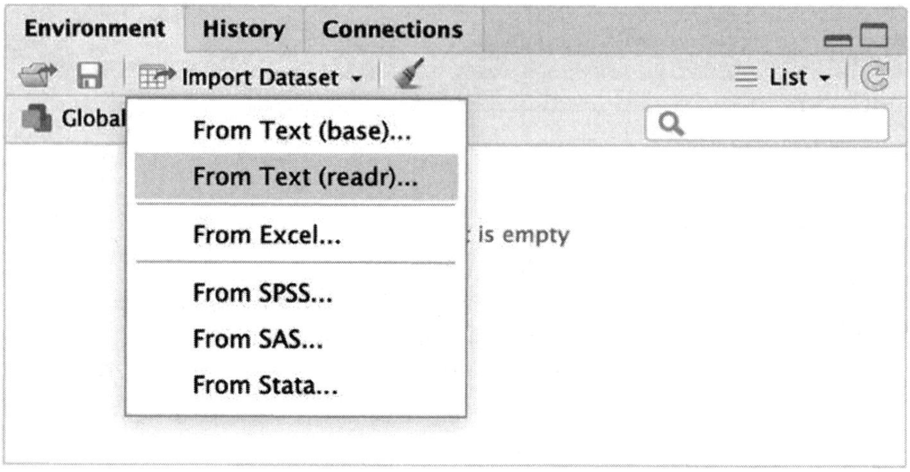

그림 5-3. 데이터세트 읽어오기

“Environment” 탭으로 가서, “Import Dataset”을 클릭한 다음에 “From Text (readr)…”을 선택한다. 그러면 그림 5-4와 유사한 화면이 나타날 것이다.

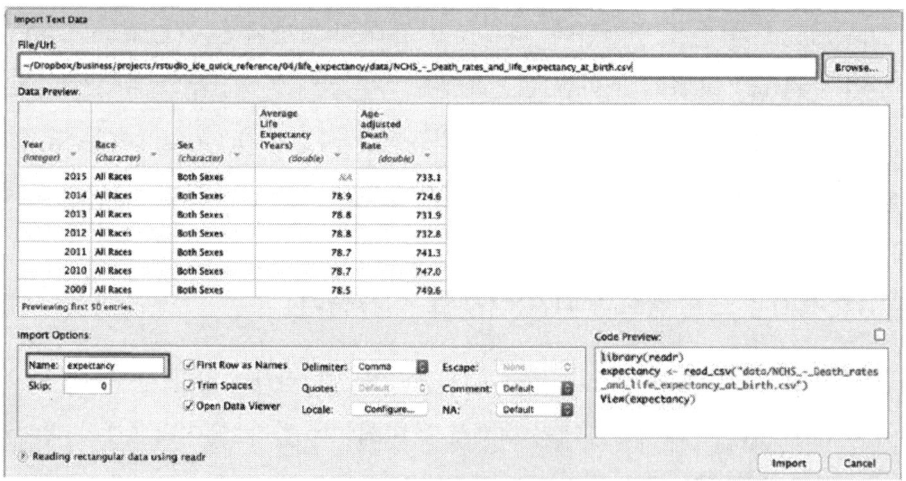

그림 5-4. 데이터 읽어오기 위젯

그림 5-4의 우측 상단에 강조된 “Browse” 버튼을 사용해서 csv 파일을 탐색한다. 기본설정된 데이터프레임의 이름은 파일 이름과 같지만 파일 이름(NCHS_-_Death_rates_and_life_expectancy_at_birth.csv)이 너무 길기 때문에 위젯 화면의 좌측 하단에 “Name” 다음에 강조된 영역에 보이는 것처럼 이 위젯 화면에서 바로

이름을 변경할 수 있다. 데이터프레임을 단순히 "expectancy"로 명명하였다.

일단 이 과정을 완료하면, 그림 5-5에 보이는 것처럼 데이터프레임이 RStudio 프로젝트에 나타날 것이다.

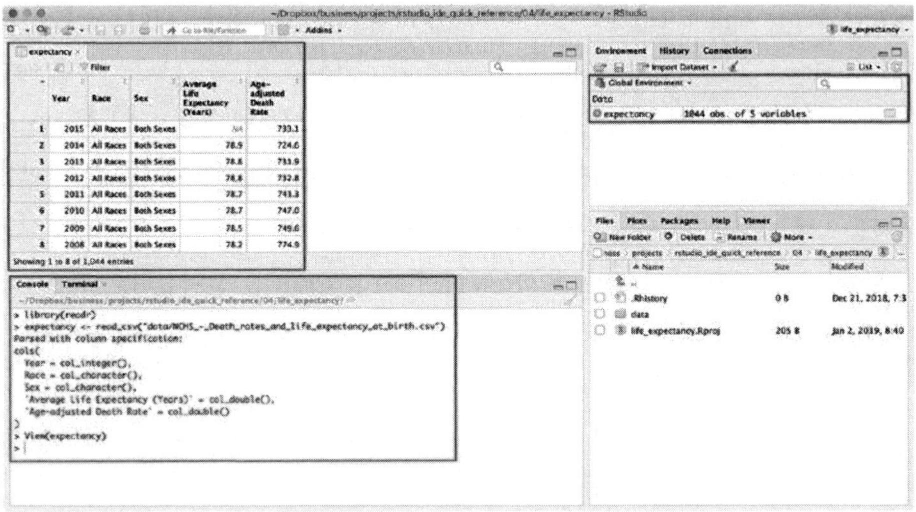

그림 5-5. RStudio 프로젝트의 데이터 프레임

그림 5-5의 왼쪽 상단에서, 데이터 프레임의 표본을 볼 수 있다. 데이터를 읽어오는데 사용된 코드가 좌측 하단 Console 창에 보일 것이며, 이 코드는 오른쪽 상단에 강조된 것처럼 history 탭에도 남아 있을 것이다. 마지막으로 우측 상단 "Environment" 창에 위치한 "expectancy"라는 이름의 객체를 볼 수 있다. 어쩌다가 창을 닫았다면, 언제라도 이 객체를 클릭해서 데이터를 다시 나타나게 할 수 있다.

이는 프로젝트를 설정하는 첫 번째 단계이다. RStudio를 종료할 때 프로젝트 상태를 저장했는지 확인하라. 그렇지 않으면 데이터프레임으로 작업할 때 다시 이 과정을 반복해야 할 것이다.

✲ R 코드 파일

언뜻 보기에는 제공된 위젯과 대화형 Console 화면을 사용하는 것이 쉬워 보이더라도 분석을 다시 하거나 작성한 분석을 재현하거나 동료가 실행할 때, 우리가 밟아온 단계들을 되짚어 가는데 어려움이 있을 수도 있다. 이 경우 실제로 분석을 재현할 수 없다.

작업을 재현할 수 있게 하려면 해당 프로젝트에 R 스크립트 화일을 추가할 수 있다. 지금 해야 할 일은 R 스크립트 파일을 추가한 다음, 나중에 재사용할 수 있도록 자동으로 생성되는 코드를 이 파일에 추가하는 것이다.

RStudio 메뉴바로 가서 "File" ➤ "New File" ➤ "R Script"를 선택한다. 그림 5-6에 보이는 것처럼, 데이터프레임 다음에 "Untitled1"로 표시된 새 탭이 나타날 것이다.

그림 5-6. R 스크립트 편집기

이 스크립트 편집기는 화면 상단에 시각적 단축키들과 더불어 매우 유용한 기능들이 내장되어 있다. 첫 번째로 플로피디스크 아이콘을 클릭해서 이 화일을 기억에 남는 이름으로 프로젝트로 저장할 수 있다. 플로피디스크 아이콘을 클릭하면 나타나는 다이얼로그 박스에서 파일 이름으로 "process_data.R"을 입력한다. 이제 파일이 파일 탐색기에 나타날 것이며, 언제라도 파일 이름을 클릭하면 파일을 열어 볼 수 있다.

코드 도구에 관련된 다른 기능을 살펴 볼 것이지만, 지금으로서는 작업 내용을 저장하고 위에 있는 "Run"과 "Source" 버튼을 이용해서 코드를 실행할 수도 있다는 것을 알아야 한다. 지금은 csv 파일을 읽을 때 자동으로 생성되는 코드를 검색한 다음, 이 데이터프레임을 조금만 수정하고 싶다.

"Environment" 오른쪽에 있는 "History" 탭을 열면, 그림 5-7에 보이는 것처럼 csv 파일을 읽기 위하여 사용된 몇 줄의 코드를 볼 수 있다. 처음 두 줄의 코드를 강조하기 위하여 명령-클릭(Command-click)한다.

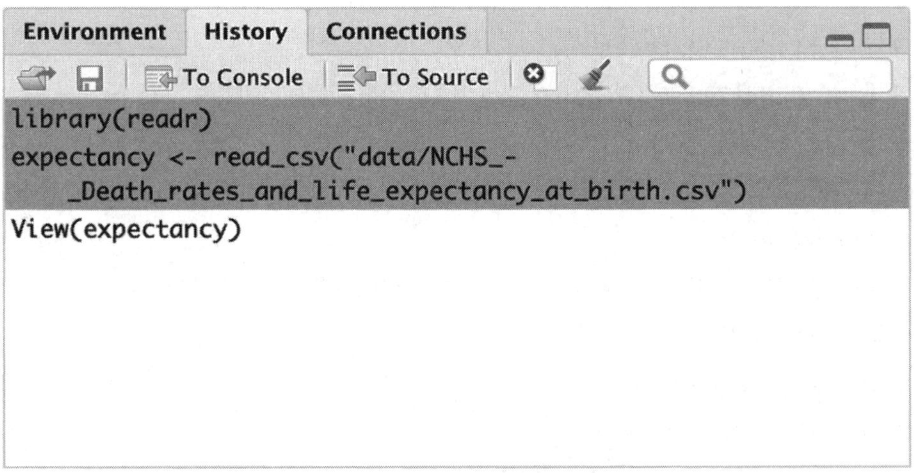

그림 5-7. History 탭에서 코드 검색

"To Source" 버튼을 클릭해서 2줄의 코드를 R 스크립트 파일로 이동시킨 다음, 그림 5-8에 보이는 것처럼, 플로피디스크 아이콘을 클릭해서 "process_data.R" 스크립트 파일을 저장한다.

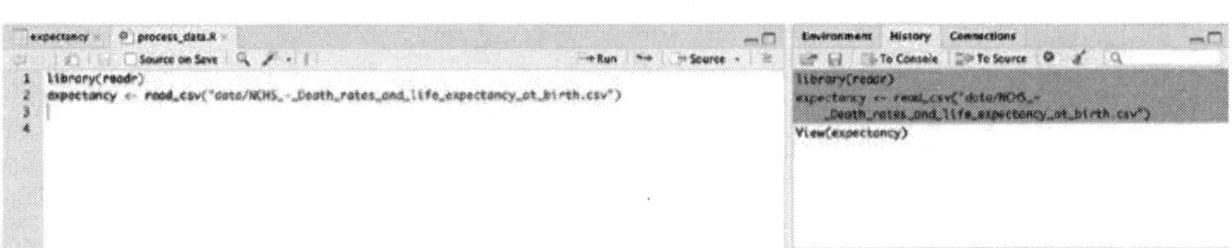

그림 5-8. 검색된 코드가 포함된 R 스크립트 파일

이제 필요하면 언제든지 상단에 있는 "Source" 버튼을 클릭헤서 이 단계를 다시 실행할 수 있다. 또한, 이 프로젝트를 동료에게 보낼 수 있으며, 그들은 같은 방법

으로 우리의 작업을 재현할 수 있으므로, 우리가 만든 분석은 재현 가능한 상태의 궤도에 올라 있다.

계속 진행하기 전에, 나중에 작업하기 훨씬 더 쉽도록 코드에 몇 가지 주석을 추가하고 데이터프레임을 정리해야 한다. 아래에 보이는 코드는 이런 작업이 이루어지는 방법을 보여주는 한 가지 예이며, "process_data.R" 스크립트 파일에 저장된 코드 내용들이다.

```
# Import NCHS Dataset
# File download from:
# https://catalog.data.gov
# Contains life expectancy data from 1900 in the US

library(readr)
expectancy <- read_csv("data/NCHS_-_Death_rates_and_life_
expectancy_at_birth.csv")

# Clean up dataframe
# Use shorter column names
names(expectancy)[1] <- "year"
names(expectancy)[2] <- "race"
names(expectancy)[3] <- "sex"
names(expectancy)[4] <- "life_expectancy"
names(expectancy)[5] <- "death_rate"
```

주석 연산자 # 다음 내용은 주석이며, 마지막 5줄의 R 코드는 작업하기 쉽도록 열 이름을 짧은 이름으로 교체한다. 플로피디스크 아이콘을 클릭해서 파일에 담긴 코드를 저장하는 것을 잊지 마라.

✲ 데이터 탐구

새 프로젝트를 시작할 때 원하는 것 중 한 가지는 탐색 데이터 분석(EDA, Exploratory Data Analysis)을 하는 것이다. 벌써부터 데이터세트를 시각적으로 조사할 수 있지만, 좀 더 완전한 그림을 그리는 것이 좋을 것 같다. 보다 중요한 데이터 점들을 먼저 시각화하기를 원할 수도 있다.

데이터 프레임 요약하기

RStudio 메뉴에 "File" ➤ "New File" ➤ "R Script"(Ctrl+Shift-N)를 선택해서 새로운 R 스크립트를 생성한다. 전과 다름없이, 새 파일이 나타날 것이다. 플로피디스크 아이콘을 클릭해서 "data_exploration.R" 이름으로 파일을 저장한다.

요약된 expectancy 데이터프레임을 보려면, 데이터프레임 이름을 변수로 갖는 `summary` 함수를 사용할 수 있다.

```
summary(expectancy)
```

이 함수를 곧바로 R 스크립트 화일로 입력한 다음 코드를 실행하기 위하여 편집기 창 상단에 보이는 "Run" 버튼을 클릭한다. 그러면 그림 5-9에서 보는 것처럼, 각 변수(또는 데이터프레임의 열)를 설명하는 출력을 볼 수 있다.

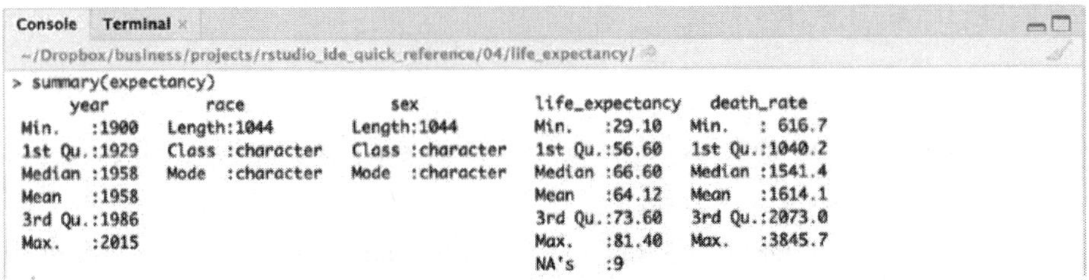

그림 5-9. 데이터프레임 요약

그림 5-9는 데이터세트에 대하여 많은 정보를 보여준다. 각 열이 포함하는 데이터가 어떤 유형인지를 볼 수 있으며 수치형 데이터의 통계량에 대한 정보를 얻을 수 있다. 예를 들어, 데이터세트는 1900년부터 2015년까지를 포함하며 어떤 연도는 29.10의 기대수명을 가지며 다른 연도는 81.4의 기대수명을 갖는다는 것을 알 수 있다. 2가지 문자 유형 race와 sex도 볼 수 있지만, 이들에 대한 정보는 거의 얻을 수 없다. 이들은 범주(categories)이며 데이터세트가 정리되는 방법을 보여줄 것이다.

race와 sex 범주를 보려면, R의 `unique` 함수를 사용할 수 있으며 다음과 같이 데이터세트의 열까지 변수로 사용할 수 있다.

```
unique(expectancy$race)
```

"Run" 버튼을 누르면, 다음 결과를 볼 수 있다.

```
[1] "All Races" "Black" "White"
```

sex 범주에 대해 같은 동작을 하면, 3가지 범주가 있다는 것도 볼 수 있다: "Both Sexes", "Female", 그리고 "Male".

이 모든 정보로부터 데이터가 3가지 범주(year, race, sex)로 정리될 것이라는 것을 알 수 있다. 또한, 매년 모든 가능한 조합의 race와 sex에 대한 열을 갖을 것이라는 공산이 가장 크다. 이를 증명하기 위하여 데이터프레임 뷰를 사용할 수 있다.

expectancy 데이터프레임을 다시 보려면 Environment 창 프로젝트의 첫 번째 탭으로 이동해서 expectancy를 누른다. 데이터의 하위 집합을 보려면 filter 버튼을 누른다. 그림 5-10에 보이는 것처럼, "1900" 년으로 식별되는 열들만 보려면 year 열에 슬라이더를 사용한다.

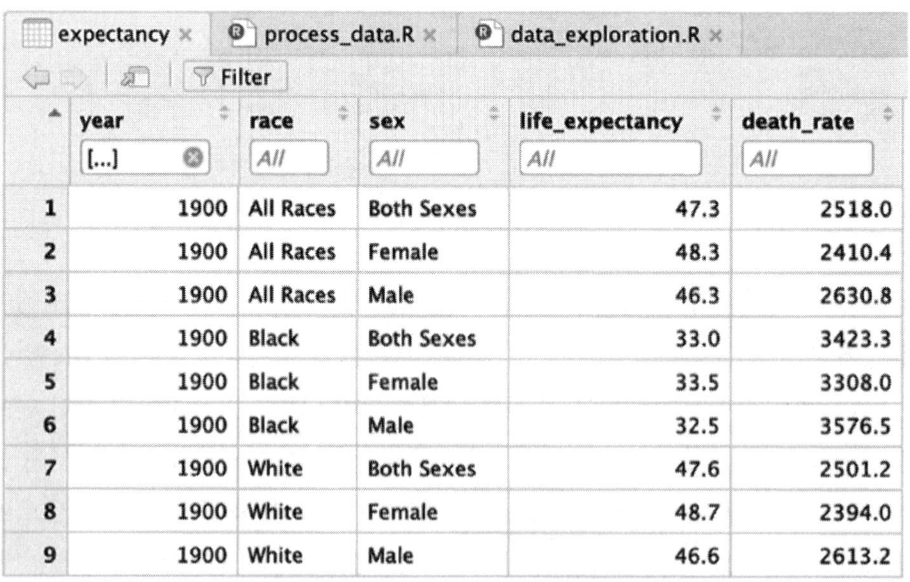

	year	race	sex	life_expectancy	death_rate
	[...]	All	All	All	All
1	1900	All Races	Both Sexes	47.3	2518.0
2	1900	All Races	Female	48.3	2410.4
3	1900	All Races	Male	46.3	2630.8
4	1900	Black	Both Sexes	33.0	3423.3
5	1900	Black	Female	33.5	3308.0
6	1900	Black	Male	32.5	3576.5
7	1900	White	Both Sexes	47.6	2501.2
8	1900	White	Female	48.7	2394.0
9	1900	White	Male	46.6	2613.2

그림 5-10. 여과된(filtered) 데이터프레임

항목들이 정리되는 방법을 알려면 데이터프레임을 다룰 때 주의해야 한다. 예를 들어 중첩된 범주들을 포함하기 때문에, 단순히 데이터를 연도별로 집계하지 않고, 설문을 분석하면서 이런 범주는 걸러내고 싶을 수 있다.

찾고 있는 수치형 변수에 대한 통찰력을 얻기 위하여 예비적으로 데이터를 시각화하고 싶을 수도 있다. 예를 들어, 1990년 이후 기대 수명이 증가했다는 것을 예측할 수 있다. 그 이론을 조사하기 위하여, 데이터프레임에서 "All Races"과 "Both Sexes"의 race와 sex 범주 값을 갖는 열만 고려할 수 있다.

```
trend <- expectancy
trend <- trend[trend$race == "All Races", ]
trend <- trend[trend$sex == "Both Sexes", ]
```

제일 먼저, expectancy 데이터프레임을 trend라는 이름의 새 데이터프레임으로 복제한다. 그런 다음 데이터의 하위 집합 2개를 취한다. 두 번째 줄은 race가 "All Races"인 모든 열을 반환할 것이며, 세 번째 줄은 sex가 "Both Sexes"인 모든 열을 반환할 것이다. 그리고, 구체적으로 검토할 만한 것을 제외한 모든 변수들을 제거할 수 있다.

```
trend$Race <- NULL
trend$Sex <- NULL
trend$death_rate <- NULL
```

R에서 객체를 NULL로 지정한다는 것은 프로젝트 환경에서 객체를 제거한다는 의미이다. 이제 기본 R의 `plot` 함수를 이용해서 연도별로 기대 수명을 나타내는 그래프를 생성할 수 있다.

```
plot(trend)
```

이 명령은 자동으로 2가지 변수(year, life_expectancy)를 도시하고, 그림 5-11에 보이는 것처럼 plot 창에 그래프가 나타날 것이다.

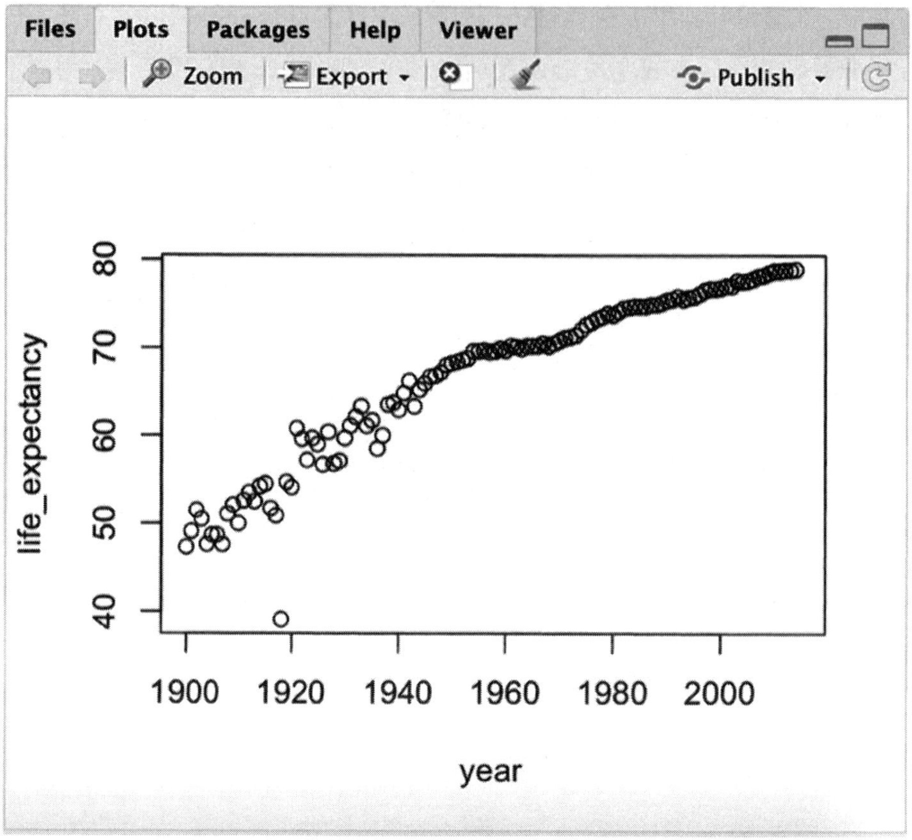

그림 5-11. 연도별 기대 수명

그래프에서 보듯이, 이 그래프는 기대 수명은 해가 거듭되면서 증가할 것이라는 초기 추정을 뒷받침한다. 그래프로부터 1900년도 초반부의 관찰이 후반부의 관찰에 비해 일관성이 없다는 사실도 확인할 수 있다.

✲ 결론

이 장에서는 예제를 통하여 RStudio 프로젝트를 사용해서 데이터를 정리하고, 작업을 반복 가능하게 하는 방법을 공부하였다. RStudio 프로젝트는 구체적으로 분석할 때 밟아온 단계를 되짚어 가는 작업과 보다 충실한 분석이 되도록 이전 분석을 중축하는 작업을 더욱 수월하게 만든다. 게다가, RStudio 프로젝트는 동료들과 작업을 훨씬 더 쉽게 공유할 수 있게 한다.

이같은 프로젝트 작업을 한 다음 RStudio 프로젝트를 닫을 때 프로그램이 종료되면서 통합개발환경(IDE)이 응답을 요청하면 반드시 “Save” 버튼을 클릭한다. 그렇게 하면 작업(work)과 기록(history)을 저장하고, 프로젝트를 중단했던 위치가 어디든지 그 위치를 포착하기 쉽게 만들 것이다.

제 6 장

필수 R 패키지: Tidyverse

근본적인 RStudio의 작업 흐름을 이해하고 있으므로, 실제로 데이터 분석 역량을 향상시키기 위하여, 집중적으로 조명을 받고 있는 일부 도구들을 사용할 준비가 되었다. 이런 도구들 모두가 RStudio에서만 사용할 수 있는 것은 아니며, 이런 도구들은 다른 R 환경에서 사용되기도 하지만, RStudio IDE와 매우 잘 어울린다.

가장 먼저 해야 할 일은 R 툴키트(toolkit)의 초석이 되는 꼭 필요한 패키지를 소개하는 것이다. 이들 패키지 중 다수는 기존의 R 함수를 단순화하며, 다른 것들은 기본 R 시스템에 기능성을 추가한다. 이런 패키지와 더불어 RStudio는 기본 R 시스템(base R system)을 데이터 실무자를 위한 전문 도구로 변신한다.

※ R 패키지

R 패키지란 R에 내장된 기본 기능을 확장하기 위하여 RStudio에 연결될 수 있는 것이다. R이 그렇게 유명해진 한 가지 이유는 실질적으로 R을 데이터 과학의 포괄적인 플랫폼으로 만드는 패키지 생태계를 풍부하게 제공하기 때문이다.

RStudio를 사용해서 패키지를 로드하고, 검색하고 설치하고 그리고 제거할 수 있으며, 또는 R 코드를 이용해서 R 패키지를 관리할 수 있다. RStudio 패키지가 지원하는 내용은 3장에서 자세하게 다루었다.

Tidyverse

논의하게 될 패키지는 실제로 "tidyverse"라는 패키지 모음이다. `Tidyverse`는 대부분 RStudio 작업에도 참여했던 Hadley Wickham이 개발하였다. `Tidyverse` 웹사이트, https://www.tidyverse.org 패키지 세트를 "tidyverse는 데이터 과학을 위해 고안된 논증적 R 패키지 모음이다. 포함된 모든 패키지는 기본 디자인 철학, 문법, 그리고 데이터 구조를 공유한다(*The tidyverse is an opinionated collection of R packages designed for data science. All packages share an underlying design philosophy, grammar, and data structures*)"라고 가장 우수하게 설명하고 있다.

저자가는 `tidyverse`가 "독단적(opionated)"이라고 표현한 것에 주목하라. 이 의미는 tidyverse가 일련의 함수 이상이라는 것이며, 데이터 과학을 수행하는 규정된 방식이기도 하다. tidyverse만의 데이터 수행 방식이 있으며, 이 것이 tidyverse가 "독단적"이라고 말하는 이유이기도 하다.

`tidyverse`의 우수한 점들 중 하나는 기본 R의 다듬어지지 못한 점을 바로잡는 것이다. `tidyverse`는 사용하기 더욱 수월하고 기억하기 더욱 쉬운 기본 R의 기존 함수를 일관성 있게 포장하는 기능을 갖는다. 이 패키지들은 기본 R에 포함된 내용에 더 많은 기능성도 추가한다. 예를 들어 `tidyverse` 패키지에 포함된 ggplot2는 기본 R의 plot 함수 기능을 확장하였으며 더 많은 그래프 유형을 추가하였다. tidyverse 패키지의 핵심으로 들어가 보자.

아래에 있는 예제를 따라하려면, `tidyverse` 패키지를 설치한 다음 프로젝트로 라이브러리를 읽어와야 한다. 패키지를 설치하고 불러오려면, 3장의 패키지에 대한 지침서를 사용하거나 RStudio의 Console 창에서 다음 코드를 입력할 수 있다.

```
install.packages("tidyverse")
library(tidyverse)
```

magrittr

`magrittr` 패키지는 파이프 연산자(pipe operator) `%>%`를 도입해서 R 코딩의 흐름을 변화시킨다. `%>%` 연산자는 좌변의 값을 우변의 표현으로 연결한다. 이 연산

자는 즉각적이며 분명하게 코드 블록이 실행하는 것을 볼 수 있도록 "파이프라인(pipeline)"을 생성하게 해 준다.

함수에 너무 많이 의존하는 R같은 프로그래밍 언어에서, 다음처럼 해독하기 어려운 코드로 시작해서 코드로 끝이 날 것이다.

```
round(mean(subset(expectancy, race == "All Races")$death_rate), 1)
```

이 한 줄의 코드는 마지막 장에서 작업했던 expectancy 데이터프레임으로부터 평균 사망률을 반환할 것이다. 그럼에도 이 한 줄의 코드는 3가지 임무를 수행한다: 데이터세트를 필터링하고, 평균 점수를 계산하고, 결과를 반올림한다.

magrittr 패키지의 파이프 연산자는 함수 호출을 중첩할 필요를 없앰으로써 깔끔하게 코드를 정돈하도록 도와준다. 다음은 이 코드를 작성하는 대체 방법이다.

```
expectancy %>%
  subset(race == "All Races") %>%
  .$death_rate %>%
  mean() %>%
  round(1)
```

길이가 조금 더 길지만, 이 코드도 훨씬 더 명확하다. 처음부터 끝까지 코드를 읽으면 각 파이프 연산자 %〉%는 위에 있는 객체를 취하고 첫 번째 인자로서 그 다음 함수로 객체를 보낸다. 맨위에서 %〉%를 사용해서 expectancy 데이터프레임을 우변 인자로서 하위 집합(subset)으로 보낸다.

이제 데이터프레임을 읽고, 열의 subset을 취하고, death_rate를 선택하고, mean을 사용해서 평균을 구한 다음, 결괏값을 반올림했다고 명확하게 말할 수 있다.

메모 **위에 코드의 세 번째 줄에 사용된 마침표 .는 magrittr가 연결하고 있는 객체를 참조하기 위하여 사용되었다. 그래서 위에서 subset 함수가 출력하는 데이터프레임을 참조한다.**

magrittr 패키지는 모든 tidyverse 패키지들에서 사용되는 핵심 패키지이며 tidyverse에 사용되는 독단적 분석 방식(opinionated style of analysis)을 알리는데 도움을 준다.

tibble

`tibble` 패키지는 또 다른 `tidyverse` 패키지의 기본이다. `tibble`는 기본 R 데이터프레임의 `tidyverse` 버전이다. 직접적으로 이 패키지를 반드시 사용할 필요는 없지만, `tidyverse` 함수들은 데이터프레임 대신 `tibbles`를 반환한다.

실제로, 아 패키지는 많은 영향을 주지 않으며 tibble을 데이터프레임으로 취급할 수 있지만, `tibble`은 다른 방식으로 행동할 것이다. 예를 들어 R Console 창에서 단어 iris를 입력하면, 단순히 iris 데이터프레임에 포함된 모든 내용의 목록이 나타날 것이다. 그러나, iris 데이터프레임을 `tibble`로 변환시키고 다음과 같이 출력을 확인할 수 있다.

```
iris %>% as_tibble()
```

그림 6-1에 보이는 것처럼 깔끔하게 정돈된 데이터 출력이 얻어질 것이다.

```
> iris %>% as_tibble()
# A tibble: 150 x 5
   Sepal.Length Sepal.Width Petal.Length Petal.Width Species
          <dbl>       <dbl>        <dbl>       <dbl> <fct>
 1          5.1         3.5          1.4         0.2 setosa
 2          4.9         3            1.4         0.2 setosa
 3          4.7         3.2          1.3         0.2 setosa
 4          4.6         3.1          1.5         0.2 setosa
 5          5           3.6          1.4         0.2 setosa
 6          5.4         3.9          1.7         0.4 setosa
 7          4.6         3.4          1.4         0.3 setosa
 8          5           3.4          1.5         0.2 setosa
 9          4.4         2.9          1.4         0.2 setosa
10          4.9         3.1          1.5         0.1 setosa
# ... with 140 more rows
> 
```

그림 6-1. 깔끔하게 정돈된 tibble 출력

이 그림은 한 화면의 데이터만 보여주지만, 아주 유용한 정보들을 보여준다. 데이터 자체의 샘플을 볼 수 있고 각 열마다 데이터 유형과 데이터세트의 차원을 확인할 수 있다.

dplyr

`dplyr`은 데이터 조작 처리하는데 사용되는 또 다른 `tidyverse` 패키지이다. 이 패키지는 데이터프레임의 열을 여과하고(filter), 변수를 선택(select)하고, 그리고 새로운 형태로 내용을 변형(mutate)하는 작업을 아주 쉽게 만든다. `dplyr`은 `magrittr`과 밀접하게 작동해서 데이터 조작 처리에 대한 "문법(grammar)"을 제공한다.

일반적으로 `dplyr`과 `tidyverse`에서 사용되는 단어 문법은 R에 특화된 방식의 작업을 의미한다. `tidyverse` 문법에서, 함수를 동사라고 부른다. 동사는 함수를 매우 서술적으로 만드는 방식으로 쓰여지기 때문에, `tidyverse` 문법을 사용할 때 작성하는 코드는 분석 내용을 매우 명확하게 이야기 형식으로 작성된다.

예를 들어, `dplyr`과 `magrittr`를 이용해서 평균 사망률을 구하는 마지막 예제를 다음과 같이 작성할 수 있다.

```
expectancy %>%
  filter(race == "All Races") %>%
  summarize(avg = mean(death_rate)) %>%
  mutate(avg = round(avg, 1))
```

위 코드에서, expectancy 데이터프레임은 작업 중인 내용을 설명하는 일련의 동사로 연결된다. expectancy 데이터프레임을 필터링(filtering), 요약(summarizing), 그리고 변형(mutating)하였다. 이 코드는 작업 중인 내용을 설명한다. 파이프라인 어디에서나 간단하게 새로운 동사를 변경하거나 추가할 수 있기 때문에, 또한 이 코드는 파이프라인을 쉽게 변화시킬 수 있다.

위 코드는 tibble로서 반환되는 하나의 값을 출력할 것이다.

```
# A tibble: 1 x 1
    avg
```

```
   <dbl>
1 1476.
```

동일한 분석을 하면서 성별로 평균 사망률을 보려면, group_by 동사를 파이프라인(pipeline)에 추가하기만 하면 된다.

```
expectancy %>%
  filter(race == "All Races") %>%
  group_by(sex) %>%
  summarize(avg = mean(death_rate)) %>%
  mutate(avg = round(avg, 1))
```

이번에는 3개의 값, 양성, 남성, 그리고 여성 각각에 대한 평균 사망률을 구해보자.

```
# A tibble: 3 x 2
  sex avg
  <chr> <dbl>
1 Both Sexes 1465.
2 Female     1293.
3 Male       1669.
```

SQL같은 Join 동사

inner_join, left_join과 right_join 동사를 사용해서 연관된 2개의 데이터세트를 결합시킨다. 이 dplyr 동사들은 비슷한 이름을 가진 INNER JOIN, LEFT JOIN, 그리고 RIGHT JOIN같은 SQL 서술문과 거의 같다.

dplyr 패키지의 join 동사를 예를 들어 설명하기 위하여, 데이터프레임에 새로운 라벨(new_label)을 추가함으로서 이전보다 우수한 내용의 라벨(label)을 포함하는 tibble을 생성한다고 해보자. 다음과 같이 따라하면 tibble 라벨을 생성할 수 있다.

```
labels <- tribble(
    ~key, ~new_label,
```

```
    "Both Sexes", "All Genders",
    "Female", "Identifies Female",
    "Male", "Identifies Male"
  )
```

이 코드를 실행하면, 환경창의 "Data" 아래 "labels" 이름의 새로운 tibble 데이터 프레임을 확인할 수 있다. View 창에서 객체 이름을 클릭함으로서 이전에 데이터 프레임을 보는 것과 같은 방법으로 "labels"의 내용을 확인할 수 있다.

손쉽게 `inner_join`라는 이름의 `dplyr` 동사를 사용하는 파이프라인으로 이 라벨을 추가할 수 있다.

```
expectancy %>%
  filter(race == "All Races") %>%
  group_by(sex) %>%
  summarize(avg = mean(death_rate)) %>%
  inner_join(labels, by = c("sex" = "key")) %>%
  mutate(avg = round(avg, 1)) %>%
  select(gender = new_label,
         avg_death_rate = avg)
```

위 코드에서, select라는 이름의 `dplyr` 동사를 사용해서 더욱 만족스러운 방법으로 라벨을 정렬하고 이름을 변경했다는 것도 파악할 수 있다. 그림 6-2에서 결과를 볼 수 있다.

```
> expectancy %>%
+   filter(race == "All Races") %>%
+   group_by(sex) %>%
+   summarize(avg = mean(death_rate)) %>%
+   inner_join(labels, by = c("sex" = "key")) %>%
+   mutate(avg = round(avg, 1)) %>%
+   select(gender = new_label, avg_death_rate = avg)
`summarise()` ungrouping output (override with `.groups` argument)
# A tibble: 3 x 2
  gender            avg_death_rate
  <chr>                      <dbl>
1 All Genders                1465.
2 Identifies Female          1293.
3 Identifies Male            1669.
> |
```

그림 6-2. tibble에 적용된 성별 라벨

위 코드를 실행하면 결과로 변환되는 깔끔하게 정리된 `tibble` 데이터프레임을 확인할 수 있을 것이다. Console 창에서 결과를 나타나게 하는 대신 할당 연산자 `<-`를 사용해서 나중에 사용할 수 있도록 결과를 저장할 수도 있다.

```
avg_death_rates_by_gender <-
  expectancy %>%
  filter(race == "All Races") %>%
  group_by(sex) %>%
  summarize(avg = mean(death_rate)) %>%
  inner_join(labels, by = c("sex" = "key")) %>%
  mutate(avg = round(avg, 1)) %>%
  select(gender = new_label,
         avg_death_rate = avg)
```

stringr

자세히 살펴보아야 할 마지막 `tidyverse` 패키지는 문자열(string)을 다루는 작업을 할 때 도움을 줄 것이다. 단순 숫자보다 데이터 유형이 더욱 복잡하기 때문에 문자열이 포함된 작업은 까다롭다. `stringr`은 패턴을 감지하고, 문자열을 나누고 그리고 문자열을 연결하는데 도움을 주는 함수를 포함한다.

`stringr` 함수만을 단독으로 사용할 수 있지만, `filter`와 `mutate`같은 `dplyr` 동사와 더불어 `stringr` 함수를 사용할 수 있다. 예를 들어 race 열에 문자 "All"의 패턴을 포함하는 기록을 거르기(filter) 위하여, 다음과 같이 filter 동사에 `str_detect`를 사용한다.

```
expectancy %>%
  filter(str_detect(race, "All"))
```

한 가지 문자 패턴을 다른 패턴으로 교체하기 위하여 `str_replace`를 사용할 수 있다. race 열에 "All Races" 항목을 "Most Races"으로 변경하기 위하여 다음과 같이 코딩할 수 있다.

```
expectancy <-
```

```
expectancy %>%
mutate(race = str_replace(race, "All", "Most"))
```

문자열 작업을 할 때 도움을 줄 수 있는 많은 stringr 함수들이 있다. 대부분 기본 R 함수로 작업하는 단순한 포장제 역할을 한다. stringr 값은 일관된 인터페이스를 제공하는데 주안점을 두고 있다. 첫 번째 변수로서 문자열을 입력받을 것이므로, 각 함수는 magrittr 파이프 연산자와 함께 동작할 수 있다.

결론

tidyverse 모음에 더 많은 패키지들이 있지만, 위에서 다룬 것들은 다른 패키지와 함께 작업할 수 있는 식견을 줄 것이다. 매일 사용할 때 가장 필요할 것 같으며, 보다 상세하게 다룰 가치가 있다고 느낄 수 있을 만큼, 충분히 기본 R을 확장하는 개념이 요구되는 패키지들도 있다. 그리고, 단지 그 밖에 무엇을 이용할 수 있는가를 파악할 수 있도록 다른 패키지를 언급하는 시간도 가져 보자.

ggplot2는 실제로 R에서 데이터 시각화에 대한 표준을 설정하는 tidyverse 패키지이다. 이 패키지는 데이터 시각화를 다루는 7장에서 자세하게 다뤄질 것이다. tidyr 패키지는 데이터를 분석 파이프라인으로 손쉽게 추가할 수 있도록, 잘 정돈된 tibble 데이터세트로 변경하는데 도움을 준다. readr, readxl, 그리고 haven 패키지는 각각 텍스트 데이터, Excel 데이터 그리고 SAS/Stata/SPSS 데이터를 불러오는 데 도움을 준다. 그밖에 lubridate 패키지는 까다로운 날짜와 시간으로 작업하는 데 도움을 준다.

제 7장

데이터 시각화

RStudio 사용자들에게 가장 매력적인 요소들 중의 하나는 다양한 라이브러리를 포함하고 있는 데이터 시각화 도구들을 이용할 수 있다는 것이다. 이 장에서는 일상의 대부분을 알려주는 주요 그래픽 도구들을 강조하려고 한다. 물론 R 생태계에서 데이터 시각화에 사용할 수 있는 수백 개의 추가 라이브러리와 특화된 패키지들이 있다.

지금으로선, ggplot2(a tidyverse 패키지)로 작업을 시작할 때 가장 많은 영향을 미치는 도구에 초점을 맞출 것이다. 거기서부터, 더 많은 작업을 사용하여 시각화를 더 잘 제어할 수 있는 패키지로 이동해서 설명을 이어갈 것이다.

ggplot2

ggplot2는 근본적으로 그래프를 그리는 tidyverse 방식이며, 이전 장에서 이미 보았던 데이터를 시각화하는 기본 R 방식을 대체하고 강화한다. 바로 앞 장에서 설명한 dplyr에서 예상했듯이, ggplot2는 매우 독단적인 방식으로 데이터를 시각화한다. 일상적으로 데이터를 탐색할 때나 정적 그래프를 보고서에 삽입할때도 ggplot2를 사용하게 될 것이다.

ggplot2 사용하는 방법을 살펴보자. 제일 먼저 다른 tidyverse 패키지에서처럼, tidyverse 패키지 라이브러리(tidyverse)를 로드하려면 library 함수를 사용해야 한다.

```
library(tidyverse)

source("process_data.R")
```

tidyverse를 로드한 다음, 2번째 줄의 코드에 source 명령을 사용해서 "process_data.R" 파일에 저장된 모든 코드를 반환하였다. 이 코드를 통해 expectancy 데이터시트에 관한 한 우리 모두 같은 페이지에 있다는 것을 보장할 수 있다.

ggplot2를 사용하기 위하여, 데이터세트를 ggplot 함수로 연결시킬 수 있다. 이 함수를 사용하려면, 나타내려는 변수를 명시해야 한다.

```
expectancy %>%
  filter(race == "All Races", sex == "Both Sexes") %>%
  ggplot(aes(year, life_expectancy))
```

이 코드를 실행하면, 그림 7-1에 보이는 것처럼 이미 정의된 X와 Y축과 함께 비어 빈 캔버스가 나타나는 것을 볼 것이다.

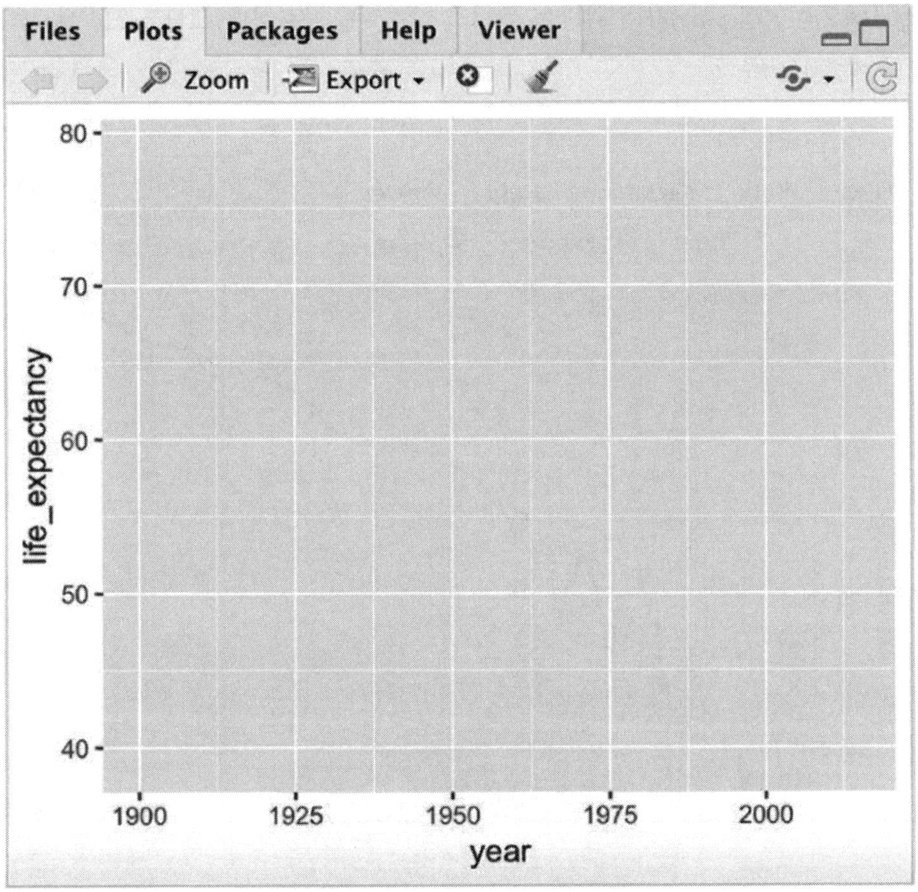

그림 7-1. 빈 ggplot2 캔버스

그림 7-1은 X축에 year 그리고 Y축에 death rate를 갖는 캔버스를 보여준다. 그래프의 범위를 정의했기 때문에, 시각적으로 데이터를 보여주는 요소를 추가할 수 있다. **ggplot2** 함수에 데이터의 속성을 나타내는 일련의 "동사(verbs)"를 연결함으로써 가능하다.

```
expectancy %>%
  filter(race == "All Races", sex == "Both Sexes") %>%
  ggplot(aes(year, life_expectancy)) +
  geom_line()
```

데이터를 표현하기 위하여 선을 사용한다는 것을 명시하기 위하여 **geom_line** 동사를 사용했다. 기대했던 **magrittr** 파이프 연산자 **%>%**를 사용하는 대신,

ggplot2는 연결(pipe)하기 위하여 플러스 기호 +를 사용한다. 그림 7-2는 선 그래프의 예를 보여준다.

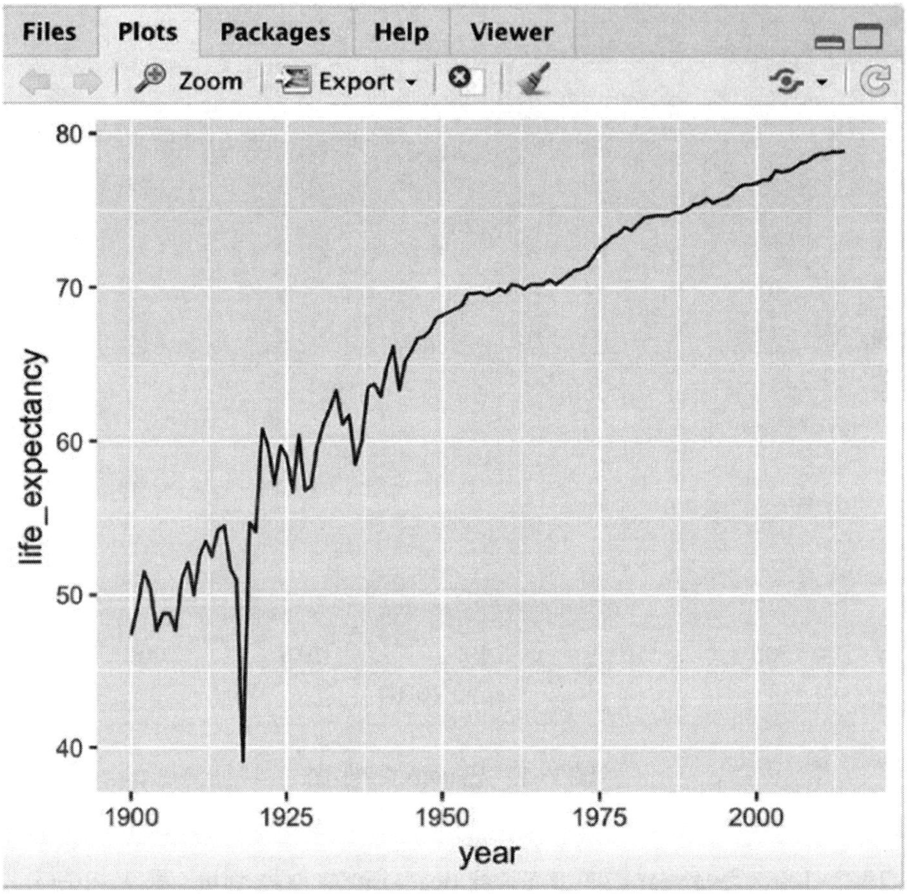

그림 7-2. 연도별 사망률을 보여주는 선 그래프

그림 7-2에 그래프는 나중에 설명이 필요할 수도 있는 이상치(outliner)뿐 아니라 흥미로운 동향을 보여준다. 계속해서 파이프 연산자 +를 사용해서 시각화를 위한 레이터를 추가할 수 있다. 선에 점들을 추가하고 싶으면, geom_point 동사를 사용할 수 있다.

```
expectancy %>%
  filter(race == "All Races", sex == "Both Sexes") %>%
  ggplot(aes(year, life_expectancy)) +
```

```
  geom_line() +
  geom_point()
```

이 코드는 그림 7-3에 보이는 그래프를 생성할 것이다.

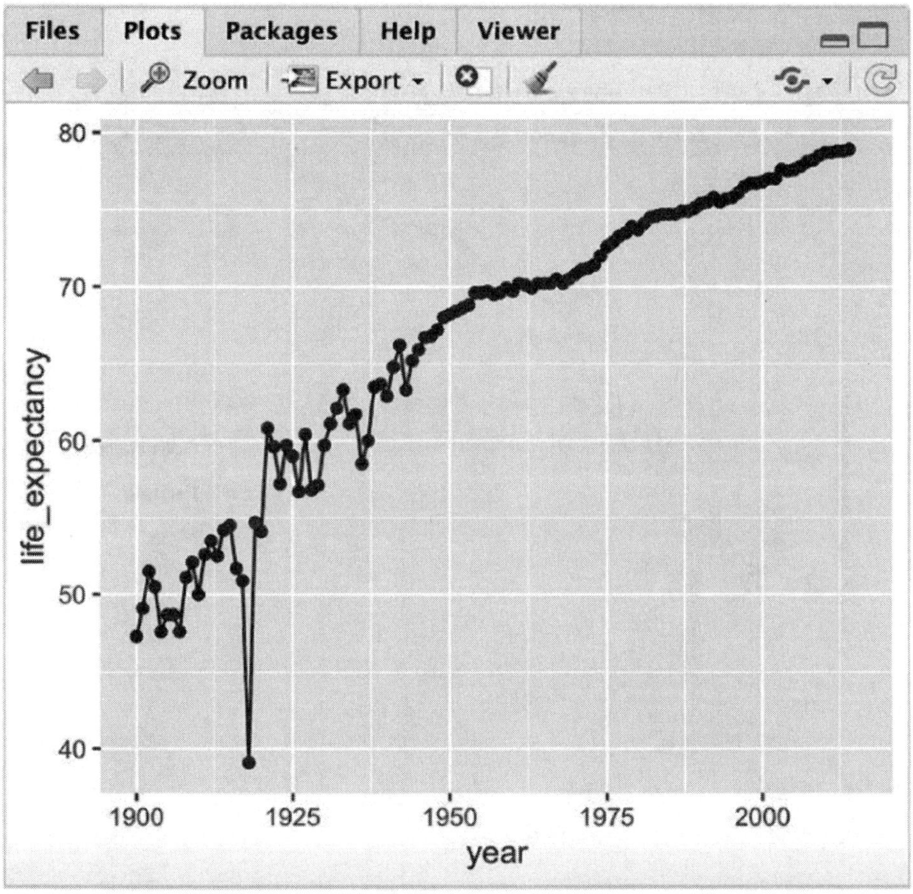

그림 7-3. 선 그래프에 포인트 마커가 추가된 그래프

성별로 구분된 동향을 보고 싶다면 어떻게 될까? ggplot 선 그래프에 그와 같은 하위 그룹을 보고 싶다면, 분류하려는 `geom_line` 동사에 새로운 미학적 매개변수(aesthetic parameter)를 추가하기만 하면 된다.

```
expectancy %>%
  filter(race == "All Races") %>%
  ggplot(aes(year, life_expectancy)) +
```

```
geom_line(aes(color = sex))
```

3개의 그룹 모두를 보기 원하기 때문에, 시각화의 첫 부분에 "Both Sexes"를 더 이상 필터링하지 않았다는 사실에 주목하라. 이 코드는 그림 7-4에 보이는 그래프를 생성할 것이다.

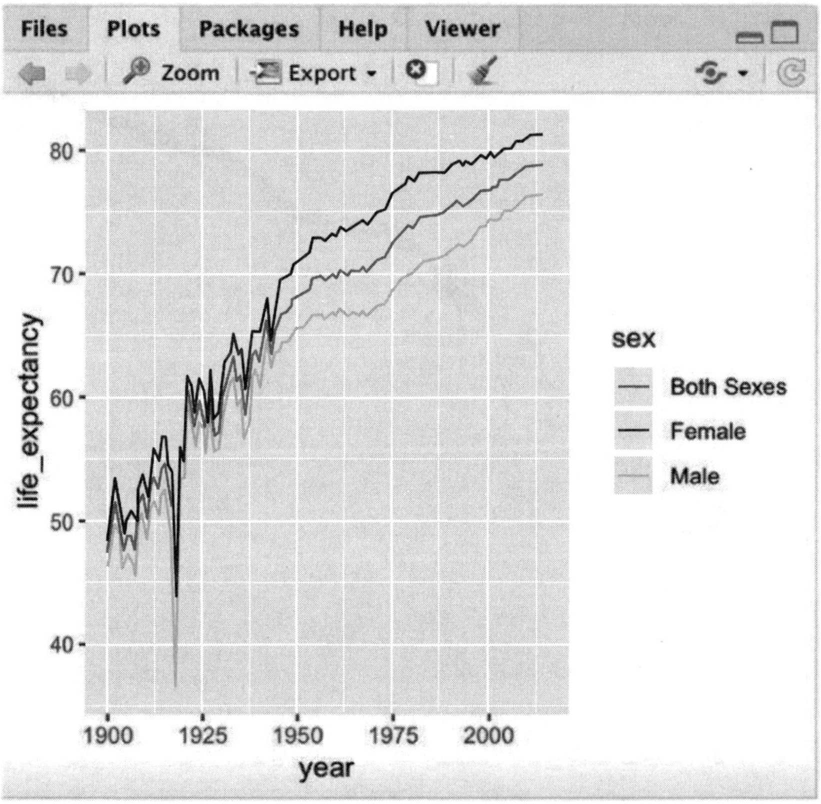

그림 7-4. ggplot2를 이용한 하위 그룹 그래프

이 그래프는 데이터가 있는 두 성별 사이의 관계를 보여준다. `geom_line` 동사에 색채 미학을 명시했기 때문에 선들은 컬러로 나타난다.

`ggplot2` 패키지에는 이 장에서 다룬 것이외에 더 많은 것들이 있다. 라벨과 제목 선택사항과 더불어 여러 종류의 데이터를 나타내는 옵션들이 많이 있다. 이 패키지는 본질적으로 RStudio의 시각화 일꾼이다. 이 패키지 사용법에 대한 더 많은 정보를 얻으려면 `ggplot2` 공식 웹사이트 `https://ggplot2.tidyverse.org`

를 살펴보라.

✲ htmlwidgets

ggplot2가 기본 그래프 작성에 필요한 대부분을 제공하는데 반해, 분석에 대화형으로 또는 매우 전문적인 그래프를 추가할 때가 있다. htmlwidgets은 R 분석에 다음 단계의 시각화를 추가하는데 사용할 수 있는 패키지 모음이다.

htmlwidgets은 원래 웹사이트 개발용으로 개발된 오픈 소스 자바스크립트 위젯들을 통합할 수 있는 능력을 제공한다. 이용이 가능한 전체 목록의 위젯을 얻기 위하여 http://htmlwidgets.org 웹사이트로 간다. 이들 위젯 중 다수는 시각화하려는 문제 유형에 맞춰서 매우 구체적이다. 지도(maps), 시계열(time series), 네트워크 그래프(network graphics) 그리고 몇 가지 D3 그래프(데이터-주도 문서 그래프, Data-Driven Documents graphics)에 사용할 수 있는 위젯을 찾을 수 있다.

htmlwidgets에 포함된 한가지 패키지, plotly를 사용해서 이전 절에서 생성한 그래프를 웹 지원 대화형(web ready interactive) 위젯으로 둔갑시킬 수 있다. Plotly는 ggplot2와 함께 작동하며 실제로 ggplot2를 다음 단계로 넘기기 때문에 흥미롭다. plotly를 이용해서 ggplot2에 대화형 기능을 추가하기 위해 필요한 모든 것이 여기에 있다.

```
library(plotly)

i_plot <-
  expectancy %>%
  filter(race == "All Races") %>%
  ggplot(aes(year, life_expectancy)) +
  geom_line(aes(color = sex))

ggplotly(i_plot)
```

이 코드는 ggplot2로 작성했던 것과 매우 비슷하다. 하지만, 이번에는 결과를 객체로 할당한 다음, 그림 7-5에 보이는 것처럼, 대화형 그래프를 생성하기 위하여 해당 객체를 ggplotly의 매개변수로 사용하였다.

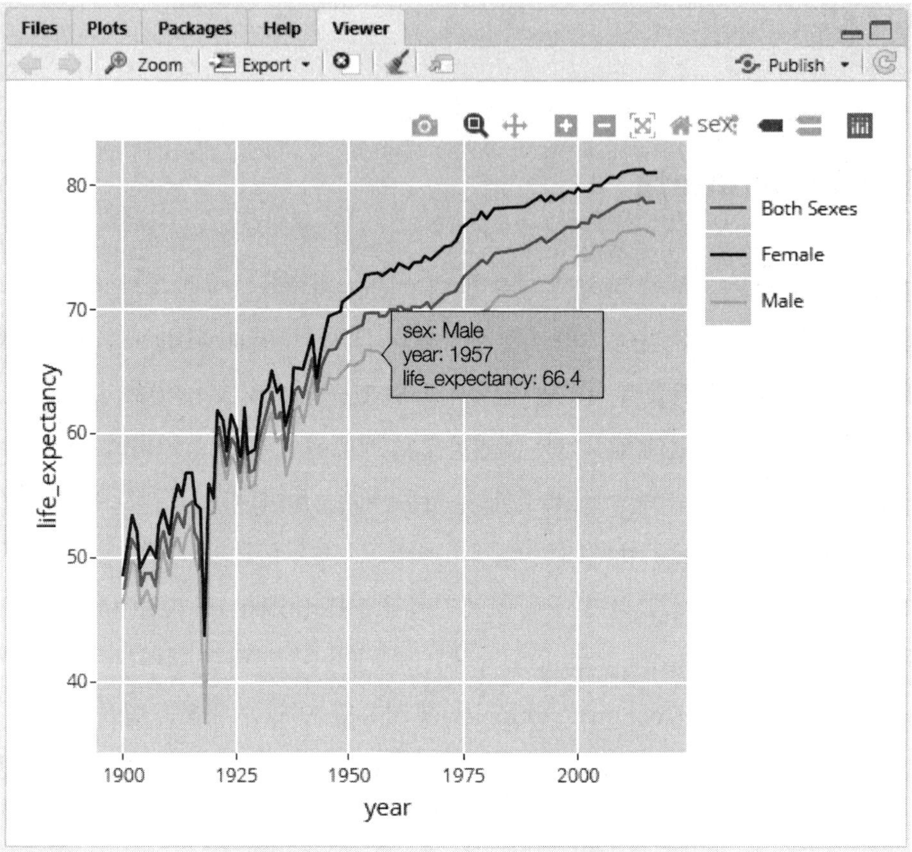

그림 7-5. 팝업이 있는 Plotly HTML 위젯

이제 그래프는 세부내용을 보여주는 팝업창과 상단에 그림으로 표현된 탐구용 도구바를 포함한다. 다음 장에서, 통합 보고서와 대시보드를 생성할 때, 사용자를 위한 풍부한 대화형 경험을 창출하기 위하여 이같은 위젯을 포함시킬 수 있을 것이다.

다음으로 넘어가기 전에 `DT(Datatables)` 패키지 요소를 강조해 보자. 데이터 테이블(Datatables)은 데이터세트 검색이 가능한 HTML 프리젠테이션을 생성하는 매우 유용한 대화형 HTML 위젯이다. 예를 들어, 검색 가능한 버전의 데이터세트를 직접 사용자에게 제공하려면, 단순히 다음과 같이 코딩하면 된다.

```
library(DT)
datatable(expectancy, options = list(pageLength = 10))
```

그림 7-6에 보이는 것처럼, 이 코드는 데이터로 채워진 검색 가능한 대화형 데이블, 위젯을 생성할 것이다.

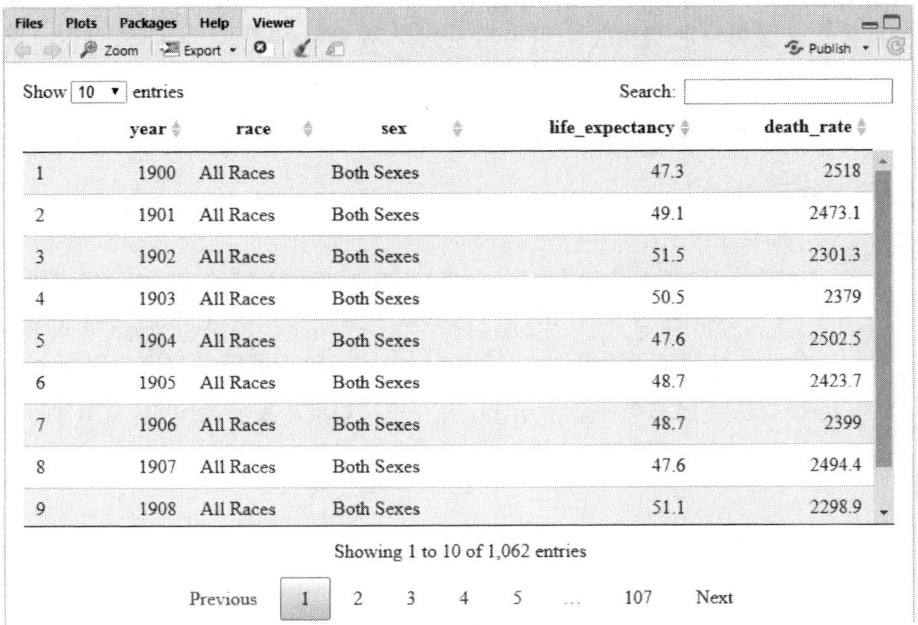

	year	race	sex	life_expectancy	death_rate
1	1900	All Races	Both Sexes	47.3	2518
2	1901	All Races	Both Sexes	49.1	2473.1
3	1902	All Races	Both Sexes	51.5	2301.3
4	1903	All Races	Both Sexes	50.5	2379
5	1904	All Races	Both Sexes	47.6	2502.5
6	1905	All Races	Both Sexes	48.7	2423.7
7	1906	All Races	Both Sexes	48.7	2399
8	1907	All Races	Both Sexes	47.6	2494.4
9	1908	All Races	Both Sexes	51.1	2298.9

그림 7-6. Data table 위젯

✲ r2d3

이 장 처음 두 절에서 다룬 모든 패키지는 대부분의 데이터 형태를 시각화하기 위하여 풍부한 객체들을 제공한다. 그러나, 결국 가장 중요한 것은 생성한 그래프가 다른 사람들이 설계하고 모든 R 개발자들이 사용할 수 있는 그래프처럼 보인다는 것이다.

모든 측면에서 데이터 시각화를 절대적으로 통제하기 원하는 이용 사례들이 있다. 도움을 구할만한 위젯이 존재하지 않거나 고도로 사용자에게 맞춤화된 작업이 필요할 때가 있다. 이런 경우, 데이터 주도 문서(D3, Data Driven Document)가 도움이 되며, `r2d3`는 D3를 RStudio 프로젝트로 병합하기 위하여 사용할 수 있는 패키지이다.

`htmlwidgets`처럼 D3는 웹기반 자바스크립트 위젯 버전이다. 그러나 D3를 사용하면 `htmlwidgets`으로 하는 작업보다 더 많은 것들이 관여된다. 본질적으로

D3는 프로그래밍 언어이다.

D3의 핵심 아이디어는 데이터세트와 (선과 원같은)그래픽 요소들을 묶을 수 있다는 것이다. 이런 그래프는 데이터세트의 값을 기준으로 커지거나 줄어들 것이다. 그래프가 표현되는 방식을 다양하게 통제하기 때문에, D3는 그래프 생성 작업에 깊이 관여하게 된다.

D3 사용법은 이 책의 범위를 벗어나지만, 간단하고 빠르게 D3를 시작할 수 있는 방법을 보여줄 것이다.

메모 **여기서 논의한 내용은 다운로드했던 현재 버전의 RStudio에서 사용할 수 있어야 한다. 하지만, 이 장에서 사용된 버전은 이전 버전의 RStudio이므로, 스크린샷(screenshots)은 약간 다르게 보일 수 있다.**

D3를 사용하려면, RStudio 메뉴로 가서 "File", "New File", 그리고 "D3 Script"을 선택한다. D3 코드가 포함된 "untitled" 파일이 나타날 것이다.

```
// !preview r2d3 data=c(0.3, 0.6, 0.8, 0.95, 0.40)
//
// r2d3: https://rstudio.github.io/r2d3
//

var barHeight = Math.ceil(height / data.length);

svg.selectAll('rect')
 .data(data)
 .enter().append('rect')
 .attr('width', function(d) { return d * width; })
 .attr('height', barHeight)
 .attr('y', function(d, i) { return i * barHeight; })
 .attr('fill', 'steelblue');
```

이 파일의 코드는 자바스크립트이며 이 코드를 수정해서 시각화를 조절할 수 있다. 이 파일을 d3_plot.js라는 이름으로 저장한 다음 D3 시각화가 어떻게 보이는지 확인하기 위하여 "Viewer" 버튼을 클릭한다. 이전에 강조했던 사전 처리된 솔루션

(pre-packaged solution)과 비교하면 그리 대단해 보이지 않지만, 실제로 D3는 일련의 그래프 위젯들이 아니라 하나의 캔버스보다 더 많은 것을 제공하기 때문에 괜찮다.

미리보기는 단순히 파일의 주석에서 확인된 코드를 사용하지만, 그보다 R 스크립트 파일로부터 자신의 데이터를 제공하면 **r2d3** 라이브러리를 이용해서 이 작업을 할 수 있다.

```
install.packages("r2d3")
library(r2d3)

r2d3(data = c(.1,.2,.3,.4,.3,.2,.1), script = "d3_plot.js")
```

이 코드는 그림 7-7에 보이는 그래프를 생성한다.

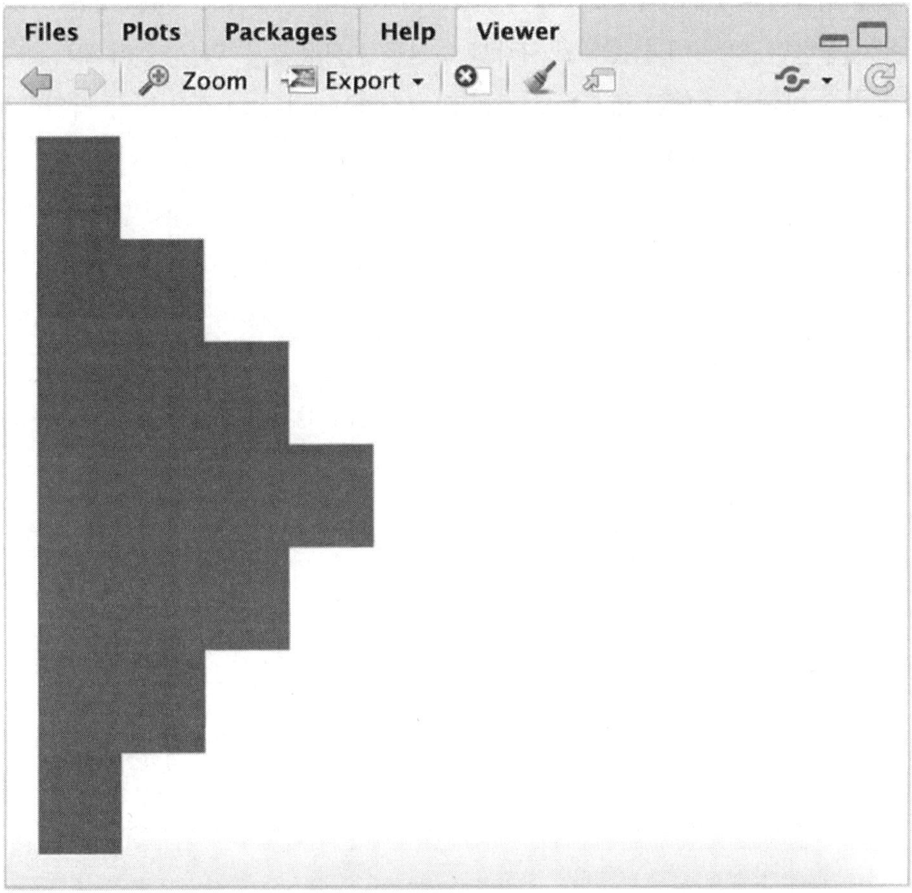

그림 7-7. 기본 D3 그래프

분명, 이 그래프는 매우 기본적인 시각화의 초기 단계를 보여 주는 화면이다. r2d3 웹사이트 `https://rstudio.github.io/r2d3/articles/gallery.html`를 방문해서 D3를 이용해서 수행할 수 있는 굉장히 멋진 시각화 세트 모두를 확인하라. 이 예제들은 그래프를 재현하기 위해 필요한 코드도 포함하기 때문에, 사용자 맞춤형 D3 데이터 시각화를 위한 출발점으로 이 코드를 사용할 수 있다.

✲ 결론

기본 R에 내장된 `plot` 함수 이외에 R에서 데이터 시각화를 위한 옵션이 많이 있다. `ggplot2`는 대부분의 분석자들이 작업을 수행할 때, 매우 강력하고 독단적인 방법을 제공한다. `r2d3`와 `htmlwidgets`같은 패키지는 보다 구체화된 사용 사례들을 제공한다. 훨씬 더 전문화된 시각화 옵션들을 사용할 수 있으며, 이 모든 기능들은 다음 장에서 논의할 대시보드와 리포팅(dashboards and reporting) 작업에서 옵션으로 사용될 수 있다.

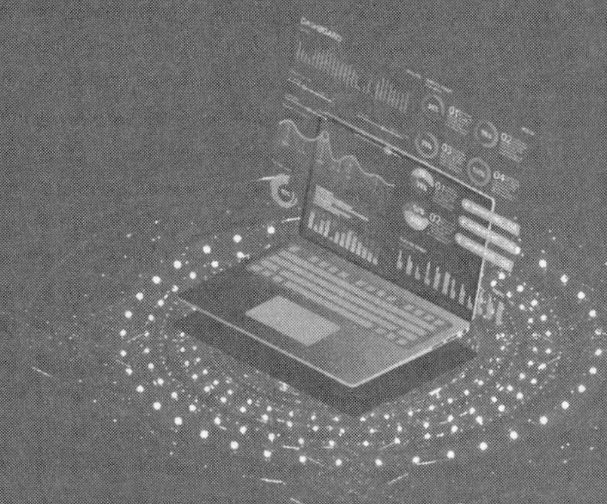

제 8 장

R Markdown

이전 장들에서 논의한 특징들을 구체화하는 보고서를 작성하기 위하여 R 마크다운(Markdown)을 사용한다. 다양한 형식으로 풍부한 내용의 보고서를 작성하기 위하여, R Markdown은 HTML, CSS, 그리고 Markdown같은 무료로 사용할 수 있는 오픈소스 기술들을 활용한다.

R Markdown은 사람이 읽을 수 있는 방식으로 문서를 정의하는 편리한 방법인 Markdown에 기초한다. 체계적인 방법으로 메모를 빠르게 작성할 수 있다는 것이 Markdown의 발상이다. 스스로 판독이 가능하지만, 이런 메모들은 웹페이지, 프리젠테이션, 그리고 PDF 파일같은 세련된 프레젠테이션 형식으로 번역될 수 있다.

R 언어로부터 코드와 그래프를 Markdown 문서로 추가함으로써 RStudio는 Markdown을 확장한다. 이런 형태의 Markdown을 "R 마크다운(Markdown)"으로 부른다. R Markdown을 이용해서 공유 가능한 보고서를 생성하기 위하여, 이전에 수행했던 기대수명(life expectancy) 데이터 세트를 분석해보자.

❊ R Markdown 문서

R Markdown은 RStudio의 전폭적인 지원을 받는다. Markdown에 메모를 추가할 수 있을 뿐 아니라, 포함시킨 코드를 블럭 단위로 실행할 수 있으며, 실시간으로 R 마크다운 문서에서 곧 바로 결과를 확인할 수도 있다. 새로운 R Markdown 문서를 생성하려면, RStudio 메뉴바로 가서, 그림 8-1에 보이는 것처럼, "File", "New File", 그리고 "R Markdown"를 클릭한다.

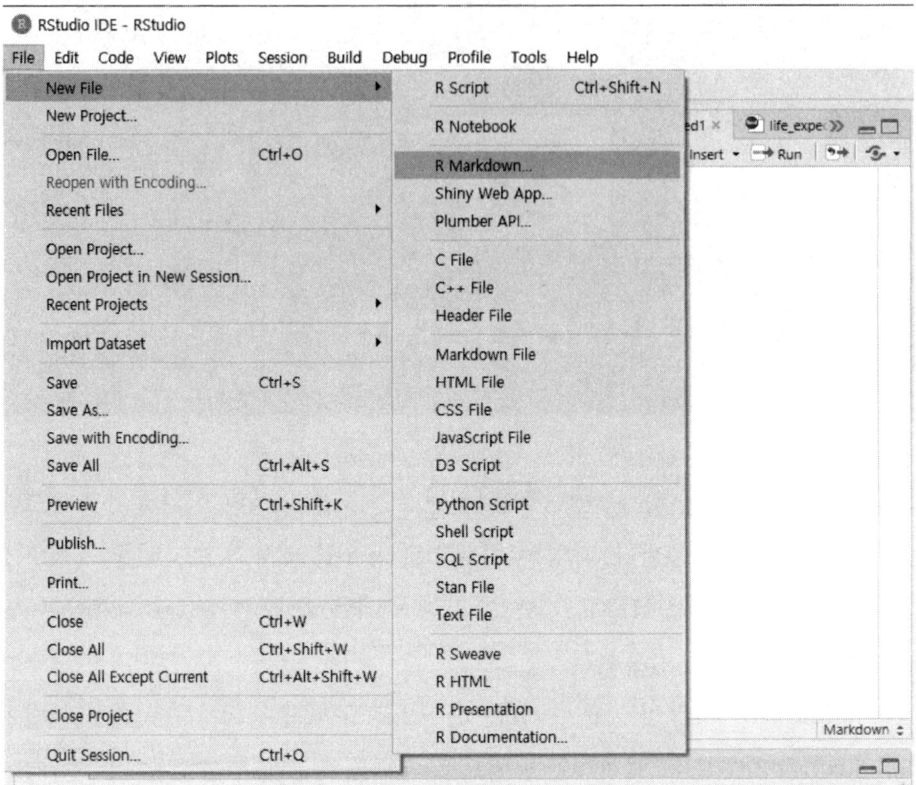

그림 8-1. 새로운 R Markdown 문서 생성

그림 8-2에 보이는 것처럼, 다이얼로그 상자에 생성할 문서의 형식을 결정하는 옵션이 보일 것이다.

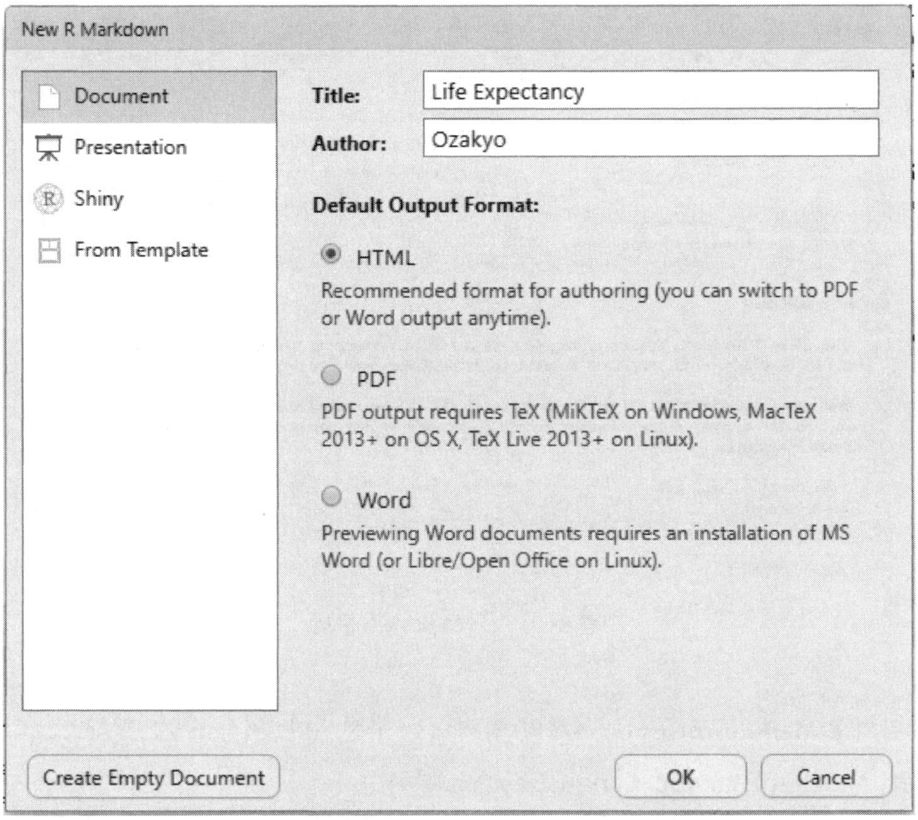

그림 8-2. R Markdown 옵션

HTML 문서를 원하는지 또는 PDF 문서를 원하는지를 명시하는 곳이다. 시도해 볼 수 있는 쓰임새가 적은 다른 포맷 유형들이 있지만, 일반적으로 사람들은 HTML 또는 PDF 보고서를 선호한다.

RStudio는 자동적으로 그림 8-3을 닮은 템플릿 텍스트로 구성된 R Markdown 문서를 생성한다.

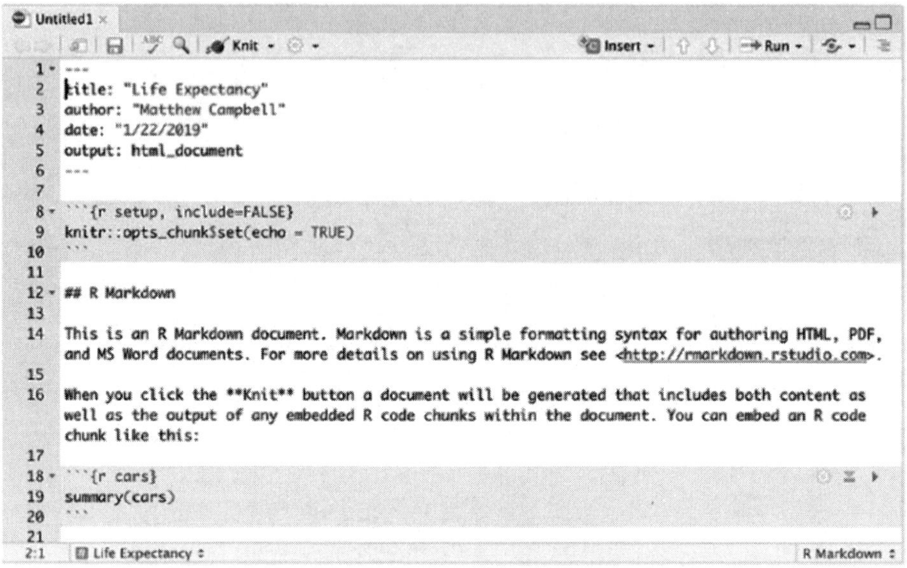

그림 8-3. R Markdown 문서

위의 R Markdown 문서는 4개의 영역으로 구분된다. 처음 6줄은 `YAML(aka Yet Another Markup Language)`으로 부른다.

```
---
title: "Life Expectancy"
author: "Matthew Campbell"
date: "1/22/2019"
output: html_document
---
```

YAML 마크업 언어는 출력 포맷과 저자 이름의 형태, 즉 기본적으로 다이얼로그 박스에서 기입한 내용들을 명시한다. 회색으로 강조된 다음 3줄은 R Markdown 출력을 번역하기 위해 사용되는 패키지, `knitr`가 요구하는 옵션을 설정하기 위하여 사용된다.

````
```{r setup, include=FALSE}
knitr::opts_chunk$set(echo = TRUE)
```
````

3개의 백틱 기호(`)와 중괄호가 있는 첫 번째 줄은 어느 정도 주의를 기울일 만한 가치가 있다. 이는 문서에 R 코드를 포함시킬 수 있도록 Markdown 코드를 이탈할 때 사용되는 표기법이다. 서식은 대략 3개의 백틱, 왼쪽 중괄호, 몇 가지 옵션이 따르는 r, 그리고 오른쪽 중괄호 순이다. 위 코드에서 `setup`은 단순한 라벨이며, `include=FALSE` 매개변수는 R Markdown 출력으로 나타나는 것이 아니라, 코드가 실행될 것을 의미한다.

다음은 몇 줄의 코드로 구성된 기본 Markdown이다.

```
## R Markdown

This is an R Markdown document. Markdown is a simple formatting
syntax for authoring HTML, PDF, and MS Word documents. For more
details on using R Markdown see <http://rmarkdown.rstudio.com>.

이는 R 마크다운 문서이다. 마크다운은 HTML, PDF, 그리고 MS Word 문서 저작을
위한 단순한 서식설정 구문이다. R Mrakdown 사용에 관한 자세한 사항은
〈http://rmarkdown.rstudio.com〉 을 참고하기 바랍니다.
```

데이터 분석 결과에 대한 소견, 분석 절차 및 설명을 여기에 기록한다. 처음 2개의 숫자 기호(#)는 "머리말 2(Heading 2)"를 의미하며, 서식 설정은 출력 문서에 이를 반영할 것이다. 정상적인 Markdown 기능들을 모두 사용할 수 있다. Markdown 창안자는 사용 가능한 문서작성 기능들을 https://daringfireball.net/projects/markdown에 문서화해 놓았다.

남아있는 코드는 또 다른 R 코드 블럭(chunk)이며, 이번에 R 코드는 그래프를 생성하고, 실행 결과는 R Markdown 출력에 포함된다.

````
```{r cars}
summary(cars)
```
````

이 코드는 기본 R에 내장된 `cars` 데이터세트를 요약할 것이다. 다음에 다룰 예제에서 출력 내용이 어떻게 생겼는지 보게 될 것이다.

R Markdown 예제

지금까지 이 책을 통하여 수행했던 작업의 일부를 보고서로 추가해서 R Markdown을 설명해 보자. 그 과정에서 R 스크립트 파일을 찾고 보고서에 그래프를 끼워 넣을 것이다. 우선, "life_expectancy.Rmd"라는 이름으로 생성된 새로운 R Markdown 문서를 저장하는 것으로 시작하자.

템플릿에서 제공되는 표준문안(boilerplate)을 소개하는 대신에 작업 내용을 설명함으로서 시작할 수 있다.

```
## Introduction

[Life expectancy data](https://bit.ly/39RTt5o) was downloaded
from data.gov. This dataset contains death rates and life-
expectancy statistics from 1900 to 2017. Exploratory analysis
was conducted on this dataset.

[기대 수명 데이터]는 data.gov 사이트 (https://bit.ly/39RTt5o)에서
다운로드 됨. 이 데이터세트는 1900년부터 2017년까지의 사망율과 기대 수명
통계치를 포함하고 있다. 이 데이터세트에 탐색분석이 진행되었다.
```

이제 R Markdown 출력 파일이 어떻게 나타나는지 보도록 하자. R Markdown 문서 상단에 있는 메뉴바에서 "Knit" 버튼을 클릭한 다음, 그림 8-4에 보이는 것처럼, "Knit to HTML"을 선택한다.

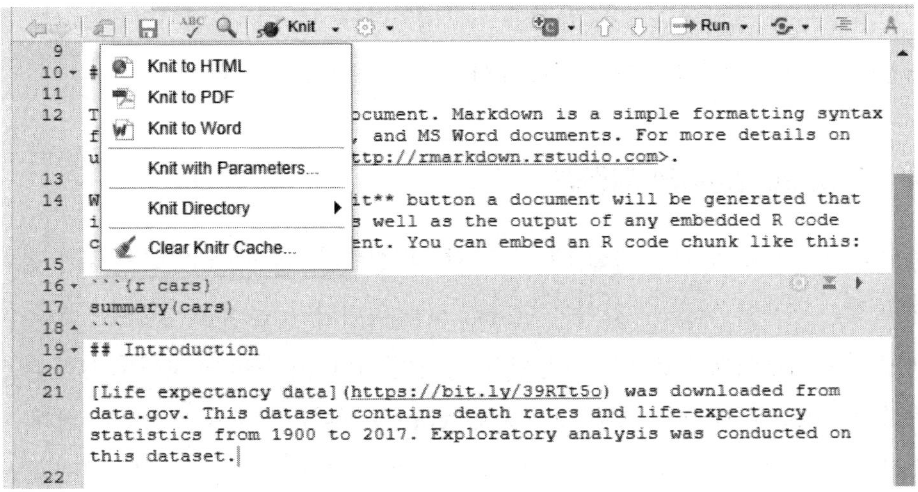

그림 8-4. HTML 출력 파일 생성

그렇게 하면, R과 Markdown 코드를 가져온 다음에, 그림 8-5에 보이는 것처럼 knitr 패키지를 이용한 HTML 보고서가 생성될 것이다.

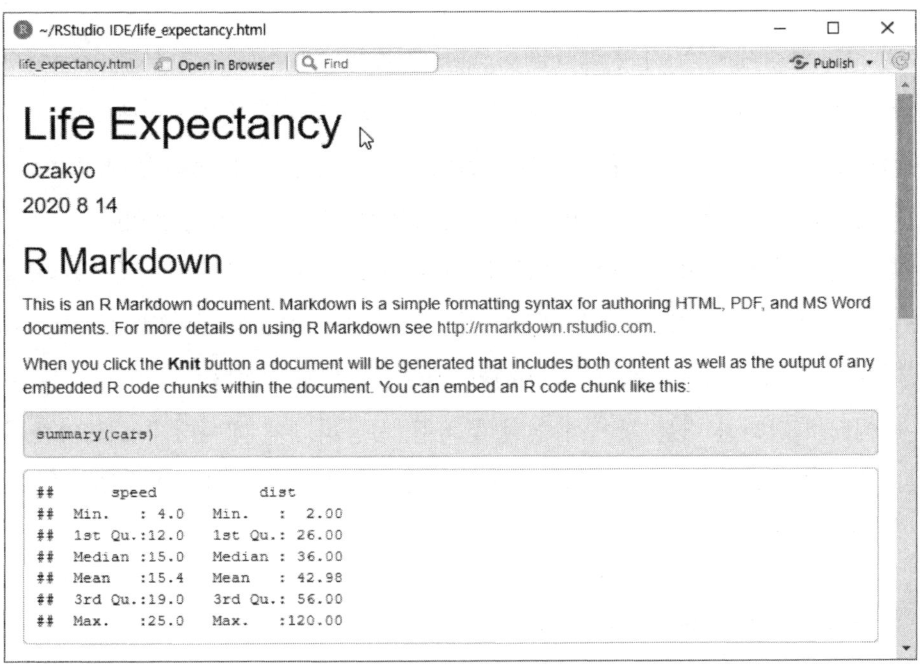

그림 8-5. R Markdown HTML 출력

이제 훌륭한 형식의 보고서 작성이 시작되었다. 물론, cars 데이터세트의 모든 내용을 보여줄 수 있지만, 다음 단계에서 그런 작업을 할 것이다.

R Markdown의 재현성

분석을 재현할 수 있다고 말할 때, 보고서를 재실행하고 과거에 얻었던 것과 정확히 똑같은 결과를 얻을 수 있어야 한다는 것을 의미한다. 분석은 명령줄에 입력한 어떤 임시 명령어에 의존해서는 않된다. 분석이 재현가능하다는 것을 확실히 하기 위하여, source 명령을 실행하고 expectancy 데이터세트를 불러오기 위해 사용한 파일을 로드하자. r 코드 블록을 다음과 같이 교체하고 데이터세트의 요약본을 출력하는 함수 summary를 포함시킨다.

```
```{r get_data}
source("process_data.R")
summary(expectancy)
```
```

위 코드 블록에서 몇 가지 작업을 하였다. 라벨을 "get_data"로 바꾸고, source 명령을 사용해서 "process_data.R"에 저장된 모든 코드를 실행하고, expectancy 데이터세트의 요약본을 보여주고 있다. Markdown 파일을 접합(knit)할 때, cars 데이터세트 대신 expectancy 데이터세트를 요약한 내용이 나타날 것이다.

더욱 중요한 것은, R Markdown 문서의 다른 코드는 이전에 했던 같은 방식으로 expectancy 데이터세트를 참고할 수 있다는 것이다. 이전에 따랐던 모든 데이터 처리 규칙이 새 출력 문서를 접합(knit)할 때마다 실행될 것이다.

데이터 시각화를 다룬 장에서 했던 것처럼, 사용자에게 데이터세트를 엿볼 수 있게 할 수도 있다. 단순히 마지막 장의 코드를 복제하고 다음과 같은 코드 블록으로 포장할 수 있다.

```
## Expectancy Dataset Sample

Below you will find a widget that you may use to few the contents
of the data expectancy dataset. This is the dataset that will
be explored later on in this analysis.
```

```
아래 코드는 expectancy 데이터세트의 일부분을 확인해 볼 수 있는 위젯이다.
이는 나중에 기대 수명 분석에서 탐색될 데이터세트이다.

```{r}
library(DT)
datatable(expectancy,
options = list(pageLength = 5))
```
```

Markdown 해설과 r 코드 블록을 함께 혼합해서 그림 8-6에서 볼 수 있는 결과물을 생성하였다.

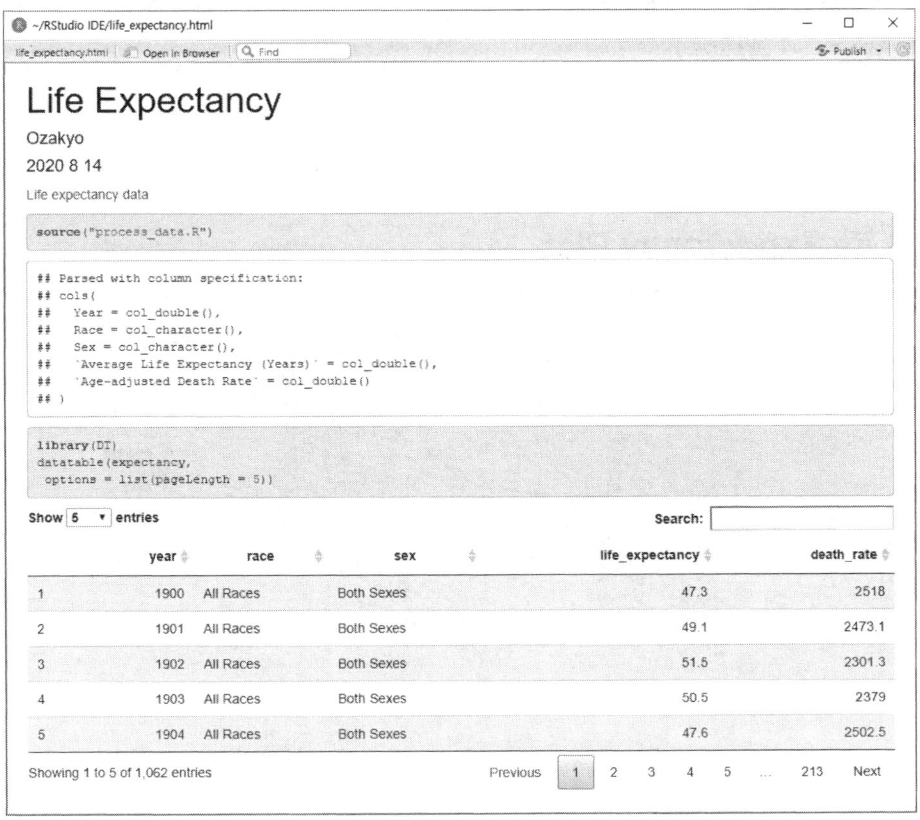

그림 8-6. R Markdown 문서의 HTML data table 위젯

마지막으로, 연도별 기대수명율 그래프를 추가하기로 하자. 이번에는, 사용자로부터 r 코드 블록을 숨기고 싶어서 2개의 명령문(`echo=FALSE, message=FALSE`)

을 포함시켰다.

```
## Life Expectancy Plot

The plot below shows life expectancy by year for all sexes.

```{r echo=FALSE, message=FALSE}

library(plotly)

i_plot <-
  expectancy %>%
  filter(race == "All Races") %>%
  ggplot(aes(year, life_expectancy)) +
  geom_line(aes(color = sex))
ggplotly(i_plot)
```
```

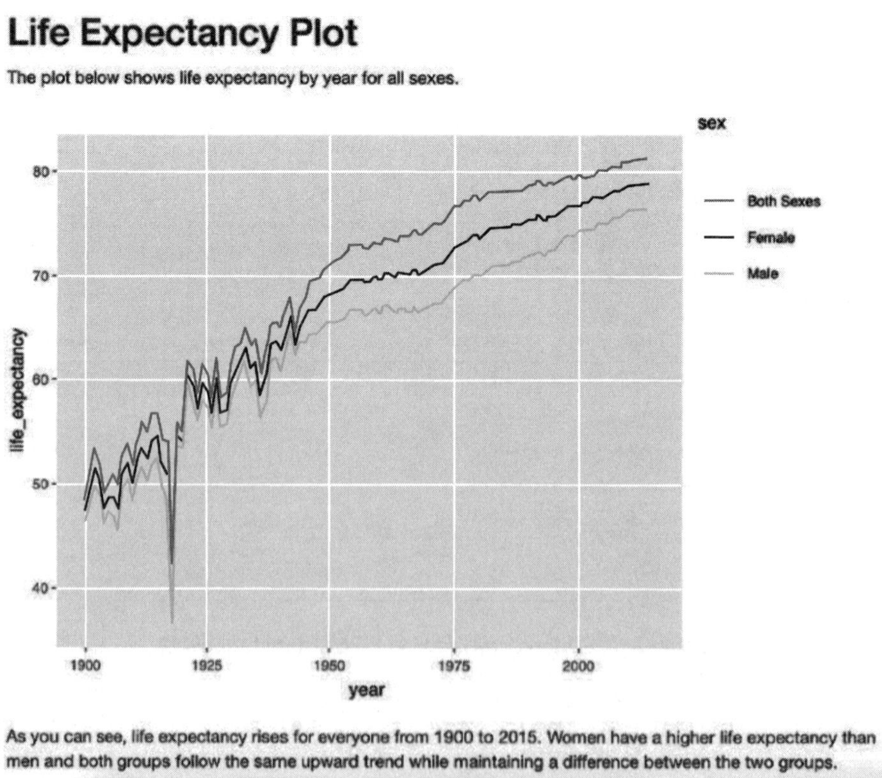

그림 8-7. R Markdown 문서의 Plotly 위젯

보이는 것처럼 1900년부터 2017년까지 모든 사람의 기대 수명이 높아진다. 여성은 남성보다 더 높은 기대 수명을 가지며, 두 그룹간 차를 유지하면서 남성과 여성 그룹 모두 상승세를 따른다.

첫 번째 명령은 코드가 나타나지 않게 하며, 두 번째 명령은 R Markdown 문서에서 라이브러리를 로드하고 있기 때문에 어떠한 메시지도 보이지 않게 한다. 결과는 그림 8-7에서 볼 수 있다.

※ 결론

R Markdown은 강력한 보고서 생성 시스템을 제공한다. 이 장은 보고서 작성자로서 사용할 수 있는 기능의 일부분을 다뤘을 뿐이다. 조직 전체를 통하여 공유할 수 있는 분석을 개발할 때, 이 장에서 터득한 내용은 보고서 작성을 돕는 일꾼이 될 것이다.

제 9 장

샤이니 R 대시보드

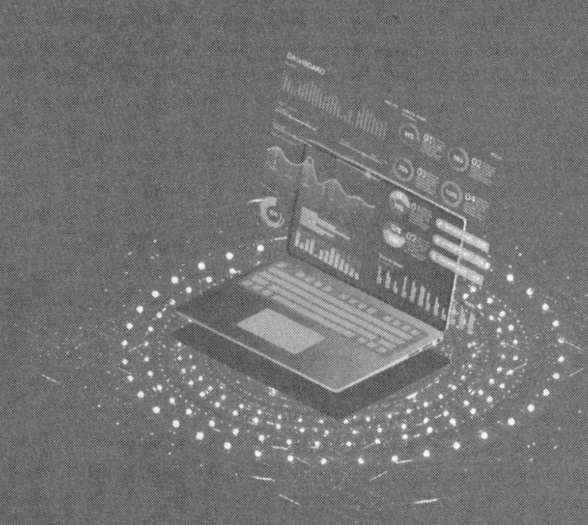

R Markdown과 htmlwidgets는 반응형 팝업, 팝오버(popover)를 이용해서 풍부하면서도 심지어 대화형 경험을 창출하는 기능을 제공할 것이다. 그러나, 어떤 이용 사례는 이런 유형의 정적 도구들이 제공할 수 있는 것보다 더 많은 것을 요구한다. 예를 들어, 분석에 사용되는 변수들을 공급하거나, 백엔드 데이터베이스(backend database)에 접속하거나, 또는 분석할 때 새로운 R 스크립트를 실행하라고 사용자에게 요구해야 할지도 모른다.

완전히 R 시스템과 통합된 풍부한 기능을 갖는 이런 유형의 데이터 대시보드를 생성하기 위하여 RStudio에서 샤이니(Shiny)를 사용할 수 있다. 샤이니는 대화형 웹 앱을 개발하기 위해서 R에서 사용되는 패키지이다. 이런 앱들은 R Markdown 보고서에 추가하거나, 웹 앱으로 온라인으로 출판할 수 있는 RStudio 프로젝트에서 사용될 수 있다. 샤이니는 프레임워크(framework)를 이용해서 쉽게 이런 앱들을 개발하는 방법을 제공하며, 자신만의 CSS 및 JavaScript 코드를 이용해서 샤이니를 한층 더 확장할 수 있다.

✲ 새로운 샤이니 앱

샤이니 앱을 RStudio 프로젝트에 추가하는 것은 쉽다. 그저 RStudio 메뉴바로 가서 "File", "New File", 그리고 "Shiny Web App…".을 선택한다. 그러면 그림 9-1처럼 보이는 다이얼로그 상자가 나타날 것이다.

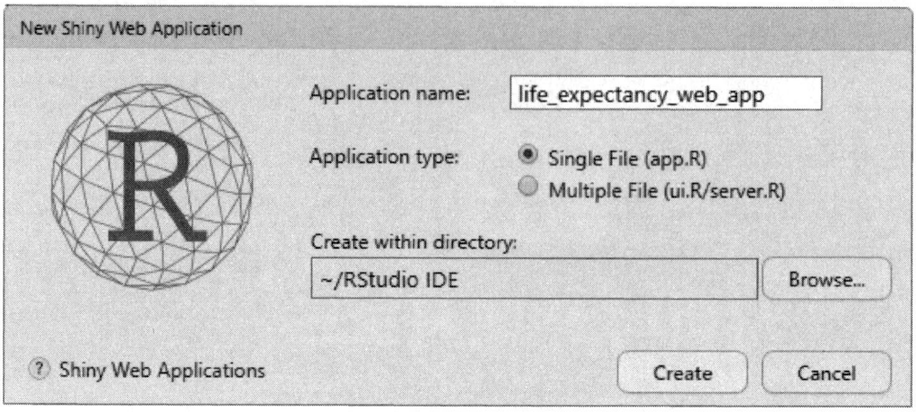

그림 9-1. 새 샤이니 앱

앱 이름을 지정하고 하나 또는 그 이상의 화일에 코드를 작성할 것인지 선택한다. "Create" 버튼을 클릭해서 웹 앱을 빌드(build)한다.

RStudio는 다이얼로그 박스에서 제공한 이름을 가진 프로젝트 내에 새로운 폴더를 생성할 것이다. "Single File"을 선택하면, "app.R" 이름의 새 파일이 생성되고, 그림 9-2에 보이는 것처럼 자동으로 편집창에 파일이 보일 것이다.

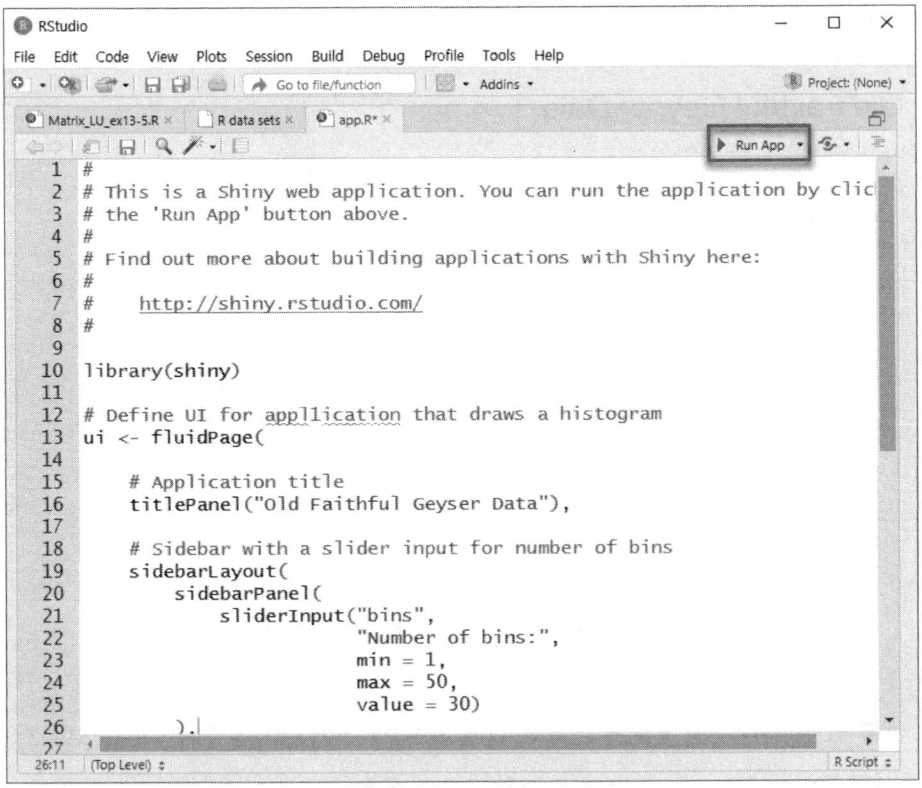

그림 9-2. app.R 내용

보이는 코드는 시작점으로서 RStudio가 생성한 템플릿이다. 이는 단지 예제로서 R에 내장된 데이터세트 사용해서 제작된 샤이니 앱(Shiny App)이다. 그림 9-2에 보이는 "Run App" 버튼을 클릭해서 웹 앱을 실행한다. 그림 9-3에 보이는 것처럼 R이 관리하는 로컬 웹서버(local web server)에서 앱이 실행하기 시작할 것이다.

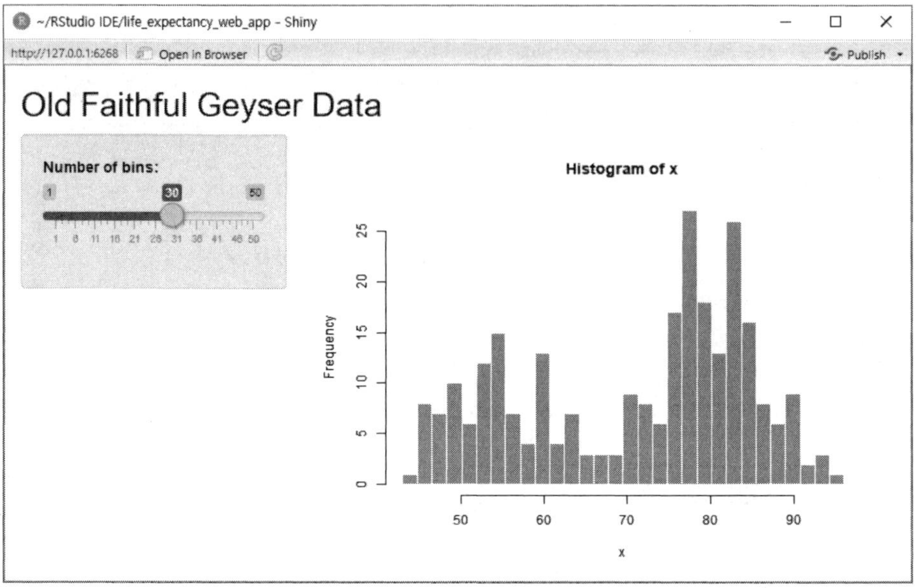

그림 9-3. 로컬 웹서버에서 작동하는 샤이니 앱

왼쪽에 슬라이더 컨트롤을 조정하면 R 코드가 실행되어 오른쪽에 히스토그램이 재현되는 방식으로, 이 히스토그램은 매우 상호 작용적이다. 이 앱은 움직임이 없는 정적 보고서에 사전에 팝오버를 단순하게 끼워넣는 것보다 한 걸음 더 나아간 것이다.

그림 9-3의 윗부분을 따라, http 주소와 "Open in Browser" 버튼이 보일 것이다. 이 앱은 웹 서버에서 실행 중이므로, "Open in Browser" 버튼을 클릭하거나 브라우저의 주소바에 http 주소를 입력하면 일반 브라우저를 이용해서 앱을 볼 수 있다.

앱 페이지 오른쪽에 "Publish" 버튼이 있다는 것도 알아차릴 수 있다. 샤이니 앱은 누구나 사용할 수 있도록 웹 사이트에 게시된다. 이런 앱들은 RStudio가 제공하는 서비스 또는 개인이 관리할 수 있는 전용 서버를 통해 공개될 수 있다. 앱을 게시하기 위한 무료 계정을 얻으려면, `https://www.shinyapps.io`로 달려가서 가입하면 된다.

샤이니 이해하기

샤이니는 R 스크립트를 사용하며 매우 쉽게 웹에서 접근할 수 있는 대시보드를 생성하기 위해 사용된다. 그러나 대부분의 R 패키지처럼 진정으로 맞춤형 경험을 쌓기 위하여 시스템으로 훨씬 더 깊이 들어갈 수 있다. 여기서는 만족스러운 샤이니 시작에 필요한 기본 내용들을 논할 것이지만, 실제로 이 패키지에 숙달하려면, 제일 먼저 `https://shiny.rstudio.com`으로 가서 샤이니를 이용해서 어떤 앱들을 구현할 수 있는지 보여주는 자습서와 설명서를 참고하는 것이다.

샤이니 코드는 두 영역의 뚜렷한 역할로 구분된다: 사용자 인터페이스(user interface)와 서버(server). 사용자가 직접 이용하는 "프런트 엔드(front end)"와 프로그램이 이용하는 "백 엔드(back end)"로도 부른다. 슬라이더와 버튼같은 시각적 사용자 인터페이스 성분들은 앱의 앞부분에 속하며, 데이터의 대량 고속 처리(number crunching)와 데이터 분석은 앱의 뒷부분에 속한다.

생성한 코드에는 사용자 인터페이스와 서버 모두를 포함하는 오직 하나의 파일만이 존재한다. 선택한 옵션 또는 최초로 앱을 코딩한 사람에 따라 각기 내용이 다른 파일에 두 성분들이 분리된 것을 볼 수도 있다.

사용자 인터페이스

사용자 인터페이스는 이전에 생성한 "app.R" 파일에 코딩된 `ui` 객체에 포함된다. `ui` 객체를 생성하는 코드는 app.R 파일 위쪽에 위치한다.

```
ui <- fluidPage(

    # Application title
    titlePanel("Old Faithful Geyser Data"),
    # Sidebar with a slider input for number of bins
    sidebarLayout(
        sidebarPanel(
            sliderInput("bins",
                        "Number of bins:",
                        min = 1,
                        max = 50,
```

```
                        value = 30)
        ),

        # Show a plot of the generated distribution
        mainPanel(
            plotOutput("distPlot")
        )
    )
)
```

코드의 전체 블록은 쉼표로 구분된 2개 매개변수 목록, `titlePanel`과 `sidebarLayout`으로 호출되는 오직 하나의 `fluidPage` 함수이다. 이 함수의 실행 결과는 `ui` 객체로 할당된다. `ui` 객체는 샤이니 앱을 시작하는 함수의 매개변수로서 파일 끝부분에서 사용될 것이다.

잠시 시간을 내어 위에 있는 코드를 살펴보도록 하자. 이는 아마도 코드 작성에 사용되는 방법은 아닐 것이다. 함수 이름으로 사용되는 단어는 무슨 일이 일어나고 있는지 시사한다. 함수 이름에 대해 생각해보면, (지금은 무시해도 되는) 좀 더 복잡한 것이 따르는 제목을 포함하는 웹 페이지를 검토하게 된다는 것을 기대할 수도 있다. 그림 9-3에서 처음으로 보게 되는 "Old Faithful Geyser Data" 제목이 얻어지는 위치를 분명히 파악할 수 있다.

샤이니의 프런트 엔드를 구축하는 필수 과정은 다음과 같다. 앱에 어떤 것을 추가하려면, 쉼표로 구분된 목록에 새로운 함수 호출을 포함시킬 수 있다. 예를 들어 "Old Faithful"의 의미가 무엇인지 설명하기 위하여 HTML 단락(paragraph)을 추가하려면 titlePanel 객체 바로 다음 공간으로 `p` 함수를 추가할 수 있다.

```
# Define UI for application that draws a histogram
ui <- fluidPage(
    # Application title
    titlePanel("Old Faithful Geyser Data"),

    p("Old Faithful is a cone geyser located in Yellowstone
National Park in Wyoming, United States. It was named in 1870
during the Washburn-Langford-Doane Expedition. Wikipedia
2019."),
```

결과는 그림 9-4에서 볼 수 있는 웹 앱이 될 것이다. 근본적으로 이전과 동일한 앱이지만, 지금 앱은 일부 텍스트 내용을 포함한다.

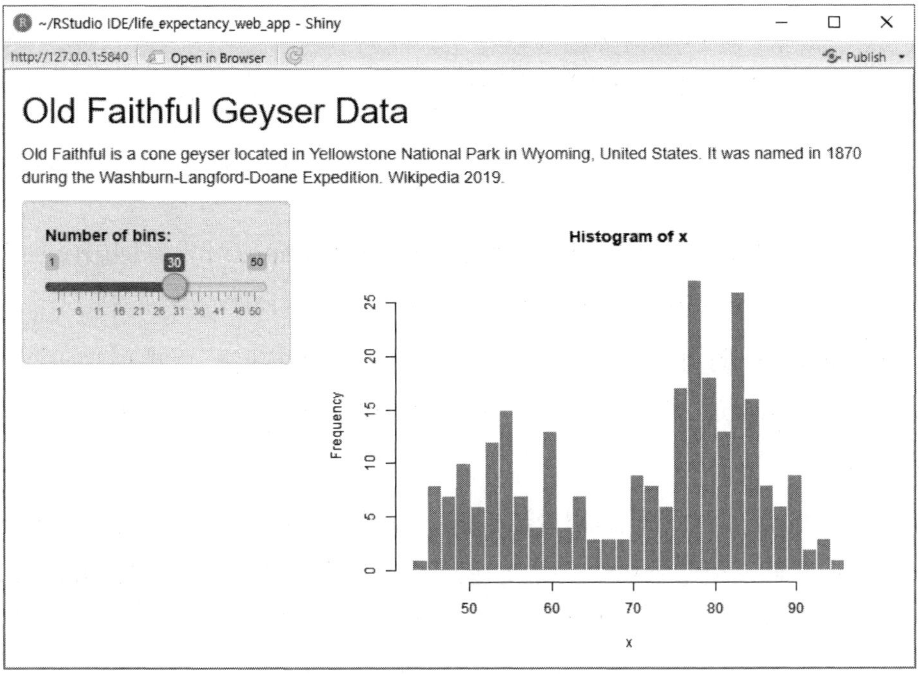

그림 9-4. 단락이 추가된 샤이니 앱

앱을 구축하는 과정에서, 계속해서 여러 성분들을 페이지에 추가할 수 있다. 어떤 함수는 p 함수같은 단순한 HTML 구성 성분이며, 또 다른 함수는 샤이티에 특화되어 있다. 가끔 앱의 레이아웃(layout)을 정의하기 위하여 다른 객체 내에 중첩된 객체를 발견하게 된다.

쉼표로 구분된 목록에서 변수들로 보이는, 2개의 다른 객체들로 차례로 구성되는 전체적인 fluidPage에 내포된 객체, sidebarLayout에서 이런 중첩을 볼 수 있다.

```
# Sidebar with a slider input for number of bins
sidebarLayout(
    sidebarPanel(
        sliderInput("bins",
                    "Number of bins:",
                    min = 1,
```

```
                     max = 50,
                     value = 30)
        ),
        # Show a plot of the generated distribution
        mainPanel(
            plotOutput("distPlot")
        )
    )
```

위에서 2개의 구성 성분은 sidebarPanel과 mainPanel이다. sidebarPanel은 아직 중첩되지 않는 또 다른 객체 sliderInput을 포함하며, 이 객체는 사용자가 시각화를 통제하기 위하여 사용할 슬라이더를 정의한다. 첫 번째 매개변수 값 bins는 inputID로 부르며 웹 앱의 server 백엔드에서 성분을 식별하기 위하여 사용된다.

mainPanel은 그래프를 표현하는 객체 plotOutput을 포함한다. plotOutput에서 매개변수는 server 구성 성분이 이 객체를 식별할 수 있도록 inputID로 사용될 것이기 때문에 강조된다.

결론적으로 말하면, 이제 ui 객체는 레이아웃을 구체화하는 제목, 단락, 슬라이더 통제(silder control), 그래프, 그리고 다른 객체들을 나타내는 객체들을 포함한다. 그중 2 가지 객체(슬라이더와 그래프)도 서버가 슬라이더로부터 값을 검색하고 그래프가 표현되는 위치를 알 수 있도록 inputID 매개변수를 갖는다.

서버

서버 구성 성분은 백엔드에서 힘든 일을 처리한다. 이 예제에서 서버는 데이터를 분석하고 그래프를 생성하는 R 코드를 실행하기 위하여 사용자 인터페이스에서 사용자가 정의한 매개변수들을 수집할 것이다. inputID는 입력(input)과 출력(output) 성분을 식별하기 위하여 사용된다. 다음은 입력과 출력 내용이 강조된 서버 코드이다.

```
# Define server logic required to draw a histogram
server <- function(input, output) {
```

```
    output$distPlot <- renderPlot({
        # generate bins based on input$bins from ui.R
        x    <- faithful[, 2]
        bins <- seq(min(x), max(x),
                    length.out = input$bins + 1)

        # draw the histogram with the specified
        # number of bins
        hist(x, breaks = bins,
             col = 'darkgray',
             border = 'white')
    })
}
```

위 코드를 보면 서버 객체에 익명함수(anonymous function)를 할당하고 있음을 알 수 있다. 이런 함수들은 이전의 사용자 인터페이스에서 사용했던 것과 조금 다르다. 이전에 사용자 인터페이스에서는 함수가 호출한 결과를 단순히 `ui` 객체로 할당하였으며, 지금은 일련의 지시 사항들을 익명함수 형태로 `server` 객체로 할당하고 있다. 이런 지시 사항들은 사용자 인터페이스에서 일어나는 동작에 대응하기 위하여 사용될 것이다.

굵은 글씨체로 강조된 코드는 서버와 사용자 인터페이스를 연결하는 고리들(hooks)이다. 모든 것들은 익명함수의 `input`과 `output` 매개변수에서 참조된다. `input`은 사용자 인터페이스에서 모든 입력 성분을 참조하는 반면, `output`은 사용자 인터페이스에서 모든 출력 성분을 참조한다.

달러 기호 $가 따르는 `Input` 객체, 그리고 `Input` 객체 `input$bins`의 `inputID`를 이용해서 `Input` 성분을 참조한다. 기억하는지 모르겠지만, "bins"는 슬라이더 객체에 주어진 식별자였다. `input$bins`는 사용자가 선택한 현재 값을 반환할 것이다.

여기서 출력 객체는 위의 `renderPlot` 함수가 생성한 모든 코드를 얻고 있다. 함수의 매개변수 `output$distPlot`를 사용하는 비슷한 방법으로 이런 출력 성분을 참조한 것을 파악할 수 있다. 사용자 입력이 수집되는 방법과 `renderPlot` 함수에 포함된 일련의 코드로 구현되는 그래프를 볼 수 있다.

앱

샤이니가 웹 앱을 생성하기 전에 반드시 해야 할 것이 또 하나 있다. ui와 server 구성 성분을 연관시킨 다음에 shinyApp(ui = ui, server = server) 코드와 함께 내보내야 한다.

이 코드는 표준문안(boilerplate)으로 포함되며, 사용자 인터페이스와 서버 객체의 이름을 바꾸지 않는다면, 전혀 이 코드를 건드릴 필요가 없을지도 모른다. 그러나 이 코드가 있는 위치와 이 코드가 앱 인스턴스(app instance)를 추진한다는 것을 알 필요가 있다.

샤이니 앱 조율하기

데이터 분석에 적합하도록 표준문안 코드를 변경해 보자. 현재로는, 사용자 인터페이스에 약간의 미세한 조정을 하고, R에 내장된 faithful 데이터 세트 대신에 이 책에서 다루었던 데이터를 나타내 보자.

앞으로 언제든지 한 장소에서 모든 자산과 함께 데이터를 배치할 수 있도록, 가장 먼저 해야 할 일은 해당 데이터를 샤이니 폴더로 복사하는 것이다. R 명령줄에 다음과 같은 코드를 이용해서 샤이니 앱 폴더에 데이터 세트를 rdata 파일로 저장한다.

```
save(expectancy, file = "life_expectancy_web_app/expectancy.
rdata")
```

이제 앱이 시작할 때 이 코드를 샤이니 세션으로 로딩시킬 수 있다. 샤이니 app.R 파일 상단에 다음과 같은 코드를 넣어 데이터 세트를 로딩시킨다.

```
load("expectancy.rdata")

expectancy <-
  expectancy %>%
  filter(!is.na(life_expectancy))
```

위 코드는 데이터 세트를 로딩시키고 히스토그램에 방해되는 모든 결측값을 제거한다. 이제, faithful 데이터 세트 대신 server 구성 성분에 한 줄의 코드를 변경하면 expectancy 데이터를 볼 수 있다.

```
server <- function(input, output) {

    output$distPlot <- renderPlot({
        # generate bins based on
        # input$bins from ui.R
        x <- expectancy$life_expectancy

        bins <- seq(min(x), max(x),
                    length.out = input$bins + 1)
        # draw the histogram with the
        # specified number of bins
        hist(x, breaks = bins,
             col = 'darkgray',
             border = 'white')
    })
}
```

결과를 테스트하기 전에, 제목 설명에 변화를 주고 원하는 색깔을 그래프에 추가하자. 아마도 어디에서 이런 변화를 주어야 하는지 쉽게 추측할 수 있을 것이다. 아래에 굵은 글씨체 강조된 코드는 변화된 모든 내용들을 보여주고 있다.

```
library(shiny)
library(tidyverse)

load("expectancy.rdata")

expectancy <-
  expectancy %>%
  filter(!is.na(life_expectancy))

# Define UI for application that draws a histogram
ui <- fluidPage(

    # Application title
    titlePanel("Life Expectancy Data"),

    p("Life expectancy data was downloaded from data.gov.
```

```
        This dataset contains death rates and life-expectancy
        statistics from 1900 to 2017. Exploratory analysis was
        conducted on this dataset. In the visualization below,
        you can see all life expectancy rates in the dataset and
        adjust the number of bins used to present the
        frequency."),

    # Sidebar with a slider input for number of bins
    sidebarLayout(
        sidebarPanel(
            sliderInput("bins",
                        "Number of bins:",
                        min = 1,
                        max = 50,
                        value = 30)
        ),
        # Show a plot of the generated distribution
        mainPanel(
            plotOutput("distPlot")
        )
    )
)
# Define server logic required to draw a histogram

server <- function(input, output) {

    output$distPlot <- renderPlot({
        # generate bins based on input$bins from ui.R
        life_expectancy <- expectancy$life_expectancy

        bins <- seq(min(life_expectancy),
                    max(life_expectancy),
                    length.out = input$bins + 1)

        # draw the histogram with the specified number of bins
        hist(life_expectancy,
             breaks = bins,
             col = 'lightblue',
             border = 'white')
```

```
    })
}

# Run the application
shinyApp(ui = ui, server = server)
```

이제 이 코드를 실행시키면, 앱은 그림 9-5에 보이는 것과 닮은 결과를 보여줄 것이다.

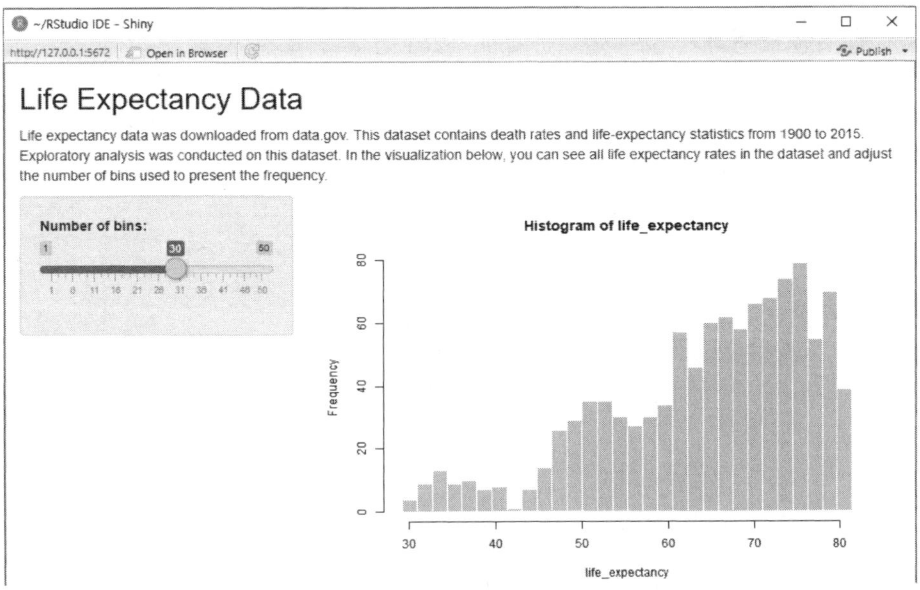

그림 9-5. Life Expectancy 샤이니 앱

지금 문맥은 적절하며, 히스토그램에서 막대의 색깔을 조율할 수도 있다. URL: `https://mattjcamp.shinyapps.io/life_expectancy_web_app`을 탐색하면 저자의 shiny.io 페이지에서 출판용 버전을 확인할 수 있다.

결론

이 장에서, 샤이니를 소개하였으며, 그저 이 도구를 가지고 성취할 수 있는 것을 수박 겉핥기식으로 다루었을 뿐이다. 웹 개발에 필요한 구체적인 기본 지식이 없더라도, 샤이니는 자료가 풍부한 앱을 곧바로 웹으로 활용하는 통로를 생성한다.

그런 의미에서, 샤이니는 정말 훌륭한 패키지이며, 심지어 자바를 조금도 건드리지 않더라도 스스로 데이터 웹 앱을 개발하는데 많은 시간을 보내고 있는 자신을 발견할 수 있다. 조금 시간을 내어 기본 지식을 배운 다음, Shiny from Ⓡ studio (`https://shiny.rstudio.com`)에서 얻은 예제 코드와 함께 이 장에서 보인 패턴을 따라해 보라. 낯익은 데이터로 작업하며 흥미를 유발할 수 있는 예제를 찾아보고, 코드를 조율해서 자신만의 데이터 시각화를 구현해 보라. 이렇게 하면서 패턴을 배우면 지금 통계 프로그래밍과 데이터 분석이 그러하듯이, 샤이니를 이용해서 웹 앱을 구현하는 것이 여러분에게 제2의 천성이 될 것이다.

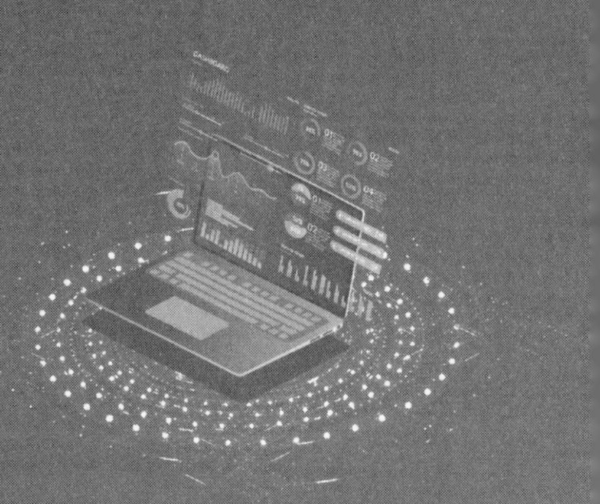

제 10 장

사용자 R 패키지 제작

데이터 분석 분야에서 R의 인기 비결은 대체로 핵심 R 언어에 중요한 기능성을 추가한 제3의 광범위한 패키지 라이브러리 덕분이다. `tidyverse` 패키지를 이용해서 R을 사용하는 경험을 변환시키는 방법을 이미 공부한 바 있다. 많은 데이터 문제들이 이미 해결되었으며, R 프로그래머들은 이 해결책을 누구나 사용할 수 있도록 하였다. 실제로, 대부분의 데이터 프로젝트는 이미 존재하며 손쉽게 문제를 해결할 수 있는 R 패키지를 탐색하는 것으로 시작한다.

이 장에서는 소속된 팀 또는 전 세계로 배포될 우리 자신만의 R 패키지를 생성하는 방법을 논의할 것이다.

✲ 사용자 R 패키지 사례

왜 자신만의 R 패키지를 제작해야 하는가? 패키지를 제작하는 분명한 이유는 세상과 우리의 작업을 공유하는 것이다. R에서 해결되었고 대체로 쓸모있는 방법으로 코딩될 수 있는 문제들은 우수한 패키지 후보자이다.

소속된 팀 또는 당신의 프로젝트에만 적용되는 패키지를 제작하기를 원할지도 모른다. 패키지 형식으로 코딩하는 이유는 코드 재사용과 프로세스 효율성을 담보하기 때문이다. 특히 유사한 상황이 계속해서 발생하는 경우, 동료들을 위해 데이터와 코드를 함께 묶기 위하여 패키지를 사용할 수도 있다. R 패키지에는 복잡한 내용을 전달하는 방법을 제공하는 문서화 도구가 내장되어 있다.

모든 코드가 패키지에 포함되는 것은 아니므로, 임시 분석을 패키지로 변환하는 경우에 어떤 판단을 내려야 할 것이다. 일반적으로 R 패키지 형식을 갖출 때 코드를 반복하고 테스트하는 것이 더 어렵기 때문에, 함수 세트를 패키지로 포장하는 유지 관리 모드에 있을 때까지 기다리는 것이 가장 좋다.

이 장에서 이전의 몇 장에서 해왔던 작업에 기초한 패키지를 제작할 것이다. 이 작업을 위하여 RStudio를 사용해서 완전히 새로운 프로젝트를 생성한 다음, 패키지 기능을 선택적으로 도입할 것이다.

❋ 새로운 사용자 R 패키지 생성

RStudio는 내재된 패키지 생성 기능을 가지고 있다. RStudio 메뉴바로 가서 “File”, “New Project”, “New Directory”, 그리고 “R Package”를 선택하면, 그림 10-1같은 다이얼로그 박스가 나타날 것이다.

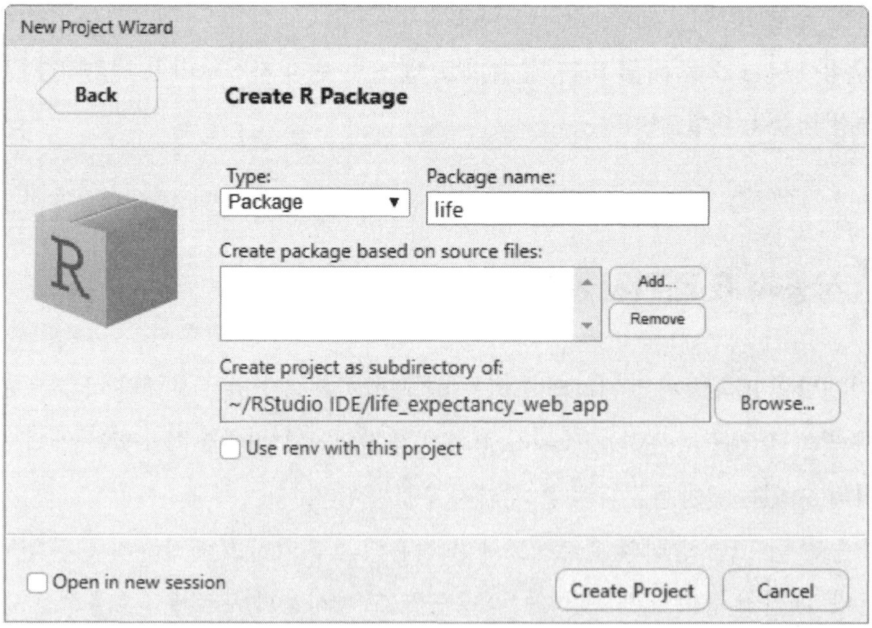

그림 10-1. R Package 생성 다이얼로그 박스

패키지 이름을 추가하고 패키지를 생성할 디렉토리를 명시할 수 있다. "Create Project" 버튼을 클릭해서 R 패키지 프로젝트를 생성한다.

길잡이로 삼을만한 일련의 템플릿 파일들이 "life" 폴더 안에 생성될 것이다. "DESCRIPTION"와 더불어, "R" 폴더에 "hello.R", 그리고 "man" 폴더에 "hello.Rd"이 핵심 파일들이다. 이들 각각을 하나씩 살펴보기로 하자.

hello.R

출판하기 원하는 모든 코드는 "hello.R"처럼 "R" 폴더에 위치해야 한다. 이 파일은 R 패키지 프로젝트를 생성할 때 열릴 것이며 다음과 같은 내용을 볼 수 있다.

```
# Hello, world!
#
# This is an example function named 'hello'
# which prints 'Hello, world!'.
#
# You can learn more about package authoring with
# RStudio at:
#
# http://r-pkgs.had.co.nz/
#
# Some useful keyboard shortcuts for package
# authoring:
#
# Install Package: 'Cmd + Shift + B'
# Check Package: 'Cmd + Shift + E'
# Test Package: 'Cmd + Shift + T'

hello <- function() {
  print("Hello, world!")
}
```

아주 간단하지만, 이 파일은 R 패키지가 프로세스 동작을 구축하는 방법을 보여줄 만큼 충분하다. 사용할 수 있도록 출판을 원하는 함수를 여기에 넣을 수 있다. 함수마다 하나의 파일을 R 폴더에 포함시키는 것이 좋은 습관이다.

DESCRIPTION

"DESCRIPTION" 파일은 패키지를 위한 메타-데이터를 제공한다. 여기에서 제목(Title), 설명(description), 버전(version), 그리고 연락처(contact information)를 문서화한다. 단순히 파일을 클릭해서 열고 어떤 필드라도 R 패키지에 대한 정보로 변경할 수 있다.

```
Package: life
Type: Package
Title: Shows Life Expectancy Trends Since 1900
Version: 0.1.0
Author: Ozakyo
Maintainer: Ozakyo <sunkist@konyang.ac.kr>
Description: Includes datasets and helper functions to help
             present information on life expectancy rates.
License: None
Encoding: UTF-8
LazyData: true
RoxygenNote: 7.1.1
```

데모와 함께 따라가려면 이 파일을 변경할 필요는 없지만, 출판할 준비가 되었을 때 필드의 정보들이 적절한지 확인할 수도 있다.

hello.RD

"hello.Rd"은 R 문서 파일이다. 이 파일은 함수와 함께 포함시킨 문서에 기초해서 자동적으로 생성된다. 코드를 문서화하는 방법을 나중에 다시 설명할 것이다.

여기에 담긴 정보는 "Help" 창에서 패키지 문서로 읽을 수 있을 것이다. 한 줄의 코드를 타이핑할 때 그 내용이 편집 스크린 오른쪽에 나타나도록 RStudio의 코드 완성(code completion)의 일부분으로서 제목도 나타날 것이다. 이는 우리가 수행하는 분석의 전후 사정이 필요한 다른 분석자들에게 바로 알려주는 매우 편리한 방법이다. 이 모든 코드가 동작하는 방법을 볼 수 있도록 R 패키지를 구축해 보자.

R 패키지 빌드

R 패키지 프로젝트로 작업을 하고 있을 때, 우측 상단에 "Build"라는 추가 탭을 볼 수 있을 것이다. 이 탭은 R 패키지 빌드와 관련된 몇 가지 옵션을 제공한다. 그림 10-2에 보이는 것처럼, 이 탭으로 가서 "More" 그리고 "Clean and Rebuild"를 클릭한다.

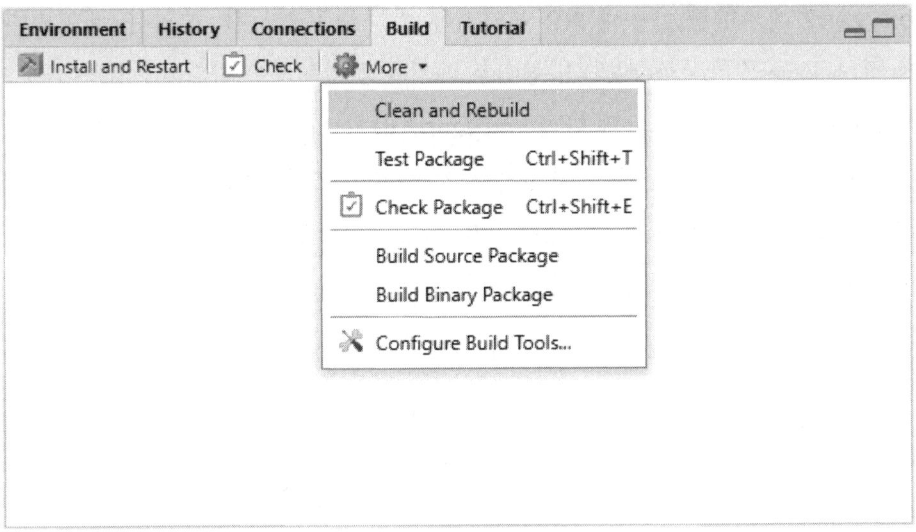

그림 10-2. Build 뷰

이 옵션은 R 코드를 빌드하고 포장한다. 필요하지만 아직 설치되지 않은 라이브러리가 있다면 RStudio는 지금 설치하라고 재촉할 것이다. 필요한 모든 패키지를 설치하기 위하여 다이얼로그 마법사를 따라간다.

이제 패키지를 빌드하고 설치했으므로, 다음과 같은 함수를 사용할 수 있다.

```
library(life)

hello()
```

이 단순한 코드는 콘솔창에 "Hello, world!"를 출력할 것이다. 이 함수의 동작을 변경하고 싶으면, 단순히 "hello.R" 파일에 코드를 변경한 다음 패키지를 다시 빌드할 수 있다. 계속해서 이 함수를 변경하고 결과를 확인해 보라.

다른 RStudio 프로젝트에서와 같은 방법으로 이런 함수들을 사용할 수도 있다. 이것이 R 패키지가 코드 재사용을 권장하는 방법이다. R 패키지를 조금 더 돋보이게 하기 위하여 life expectancy 분석으로부터 몇 가지 특징을 계속해서 추가해 보자.

R 패키지 문서화

roxygen2 패키지를 이용해서 R 패키지에 주석을 포함시킬 수 있다. 제일 먼저 install.packages("roxygen2") 명령어로 패키지를 설치해야 한다. 이 명령어는 요구되는 모든 지원 패키지들과 함께 roxygen2 라이브러리를 설치할 것이다.

다음 단계는 빌드 도구들을 설정하는 것이다. 빌드 뷰(Build View)로 간 다음 "More" 버튼을 클릭하고 "Configure Build Tools…"을 선택한다. 그러면 그림 10-3에 보이는 것처럼 다이얼로그 박스를 볼 수 있다.

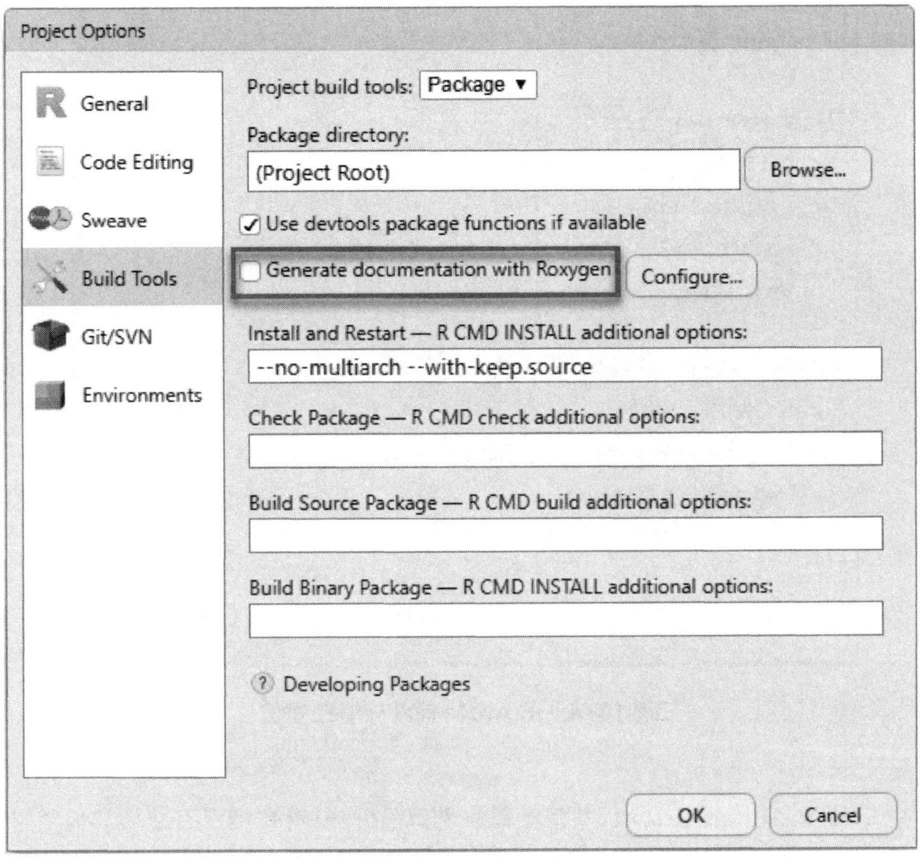

그림 10-3. 빌드 도구 설정

"Generate documentation with Roxygen" 체크박스를 클릭한다. 그리고 "Configure…" 버튼을 클릭하면 그림 10-4처럼 보이는 다이얼로그 박스가 나타날 것이다.

"Generate documentation with Roxygen" 체크박스가 보이지 않는다면, `roxygen2` 패키지를 설치한 다음, Build 뷰에서 "Configure Build Tools…"을 선택하면 해당 체크박스가 나타날 것이다.

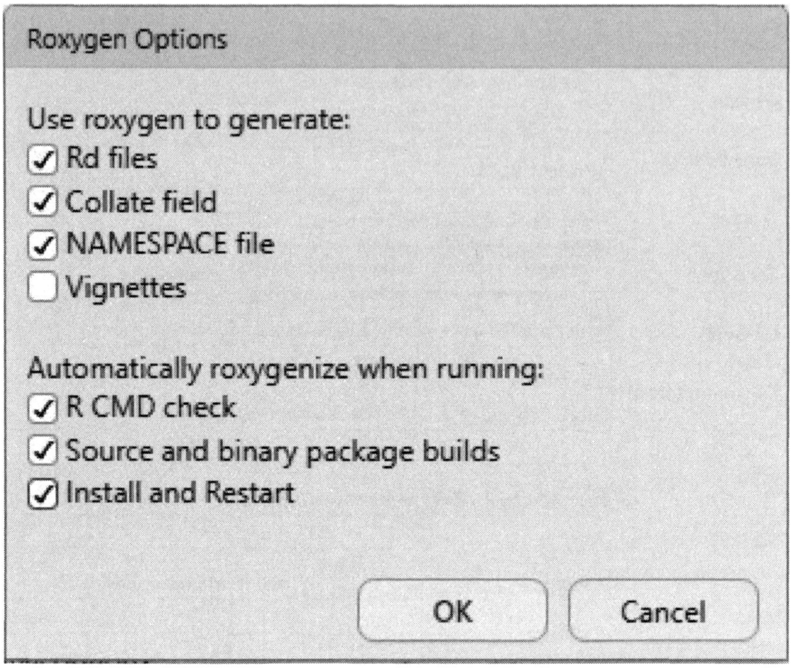

그림 10-4. Roxygen 패키지 빌드 옵션

반드시 "Install and Restart" 체크박스를 체크한다. 이제 R 패키지를 빌드하면, 제공한 필드에 기초해서 자동으로 문서화(documentation)가 생성될 것이다. 백틱을 포함하는 특별 주석 `#'`으로 문서화를 포함시킨다. 각 필드 이름은 `@`으로 시작한다. `@name`, `@title` 그리고 `@description`은 공통 필드(common field) 유형에 속한다. 예를 들어, hello 함수 문서화에 다음과 같은 내용을 포함할 수 있다.

```
# Hello, world!
#
# This is an example function named 'hello'
# which prints Hey there!.
# "Hey there!"를 출력하는 'hello' 예제 함수
#
#' @name hello
#' @aliases hello
#' @title Hello World
#' @usage hello()
#' @description Prints 'Hey there!'
```

```
#' @examples hello()
hello <- function() {
  print("Hey there!")
}
```

이제 R 패키지를 빌드할 때, 콘솔창에서 "help(hello)"를 입력하면 그림 10-5에 보이는 것처럼 위에서 포함한 내용들을 반영할 것이다.

그림 10-5. 사용자 도움말 문서화

이 도움말 파일에서, 설명 필드(description field)를 수정해서 hello world 메시지가 함수에서 변경된 내용을 반영했다.

R 패키지에 데이터 세트 추가

패키지에 함수뿐 아니라 데이터 세트도 포함시킬 수 있다. 해야 할 것이라고는 R 패키지에 "data" 폴더를 추가하고 데이터세트를 그 폴더에 넣는 것뿐이다. 이런 데이터 세트들은 R 데이터 프레임 또는 모든 유형의 가공하지 않은 데이터 파일이 될 수 있다. life expectancy 프로젝트의 경우, `https://www.data.gov` 웹사이트로부터 다운로드받은 csv 파일을 포함하는 데이터 폴더를 복사한다. 다음 코드는 데이터 세트를 R 데이터 프레임으로 저장하기 위하여 사용된다.

```
library(readr)
life_expectancy <- read_csv("data/NCHS_-Death_rates_and_life_
expectancy_at_birth.csv")

# Clean up dataframe
# Use shorter column names

names(life_expectancy)[1] <- "year"
names(life_expectancy)[2] <- "race"
names(life_expectancy)[3] <- "sex"
names(life_expectancy)[4] <- "life_expectancy"
names(life_expectancy)[5] <- "death_rate"

save(life_expectancy,
     file ="data/life_expectancy.rdata")
```

다음 단계로, Build 메뉴에서 "Clean and Rebuild"을 클릭해서 life 패키지를 다시 빌드한다. 일단 이 과정이 종료되면, 어떤 RStudio 프로젝트에서도 다음 코드를 사용해서 데이터 세트에 접근할 수 있다.

```
library(life)

head(life_expectancy)
```

이 코드는 데이터 세트의 앞부분을 보여줄 것이며, 보다 중요한 것은 life expectancy 분석을 다시 실행시키지 않고 어떤 분석에서도 이 코드를 사용할 수 있다는 것이다.

코드 완성

RStudio로 코드를 입력할 때, 입력하려는 코드와 연상되는 내용의 팝업이 나타나는 것을 볼 수 있다. RStudio 패키지의 코드도 이런 패턴을 따를 것이다. 또한 그림 10-6에 보이는 것처럼 패키지 이름 다음에 이중 콜론(: :)을 입력하면 어떤 데이터와 함수를 사용할 수 있는지 빠르게 파악할 수 있다.

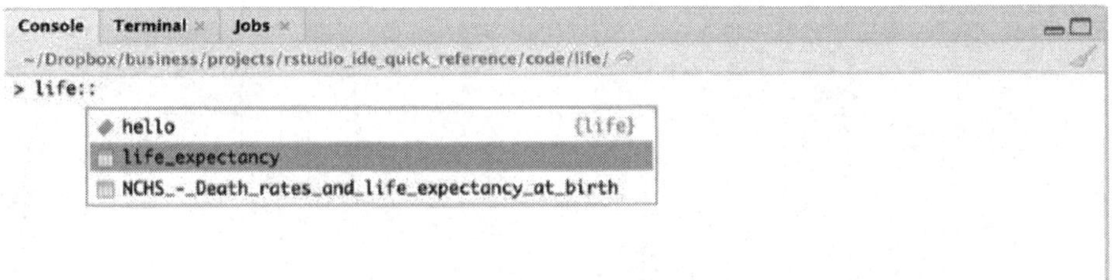

그림 10-6. R 패키지 코드 완성

위 코드에서 life 패키지에 속한 모든 내용들을 필터링하는 방법인 `life::`을 입력한다. 어떤 패키지에 어떤 함수들이 포함되었는지 파악하기 위하여 모든 R 패키지에 이 명령어를 사용할 수 있다. 코드를 입력할 때, 도움말 문서에 명시된 설명 필드(description field)도 말풍선(tooltip)처럼 나타날 것이다.

결론

이 장에서, 소속한 팀과 그 외에 많은 사람들과 작업을 공유하기 위하여 사용자 R 패키지를 생성하는 방법을 논의하였다. R 패키지는 우리 자신만의 프로젝트를 넘어서 여기서 생성한 코드의 생명을 연장시킬 수 있도록, 코드 재사용을 권장하고, 작업 내용을 문서화하고 포장하는 수단을 제공하는 아주 좋은 방법이다.

제 11 장

코드 도구

RStudio는 코드를 편집하고 디버깅하고 그리고 기록하는데 도움을 주는 도구를 포함한다. 코드 완성, 구문 강조 그리고 말풍선처럼 RStudio 편집기에 직접 내장된 코드 도구들을 이미 경험했다. 코드 파일 버전의 추적을 돕는 git 지원, 코드 편집을 돕는 리팩터링 지원(refactoring support), 그리고 단계별로 코드를 조사하는 디버깅 도구들도 포함시킬 수 있다.

✲ 소스 관리 통합

소스 관리(Source control)는 소스 파일에 변화를 준 내용을 추적할 수 있는 체제이다. RStudio는 2가지 소스 관리 제공자(subversion과 git)의 통합을 지원한다. 두 제공자 모두 코드 버전을 통하여 변경한 내용을 추적하는 본질적인 기능을 제공하고 있다.

소스 관리 체제를 사용했다면, RStudio가 제공하는 통합개발환경의 진가를 알아볼 수 있을 것이다. 그러나, 소스 관리 체제가 작업 흐름의 일부분으로 포함되지 않았다면, 소스 관리의 가치를 즉각적으로 느낄 수 없을 수 있다. 소스 관리 도구를 사용하는 것이 가장 좋은 습관은 아니지만 모든 프로젝트에 이 도구를 반드시 사용할 필요는 없다. 그래도, 이 도구를 작업 흐름에 추가해 보려는 것이 좋은 생각이다.

Git 설정

이 장에서는 git 시스템을 컴퓨터에 설치하고 git를 사용하고 있다고 가정한다. 그렇지 않다면, 1장을 참고해서 git를 설치한다. RStudio가 소스 관리를 사용하는 방법을 알고 있는지 확인할 때 필요한 몇 가지 단계가 있다.

RStudio의 기본 설정 영역(preferences area)에서 git를 사용한다는 것을 명시할 필요가 있다. RStudio 메뉴바로 가서 "Tools"와 "Global Options"을 클릭하고 "Git/SVN"을 선택하면 그림 11-1에 보이는 것처럼 다이얼로그 박스가 나타날 것이다.

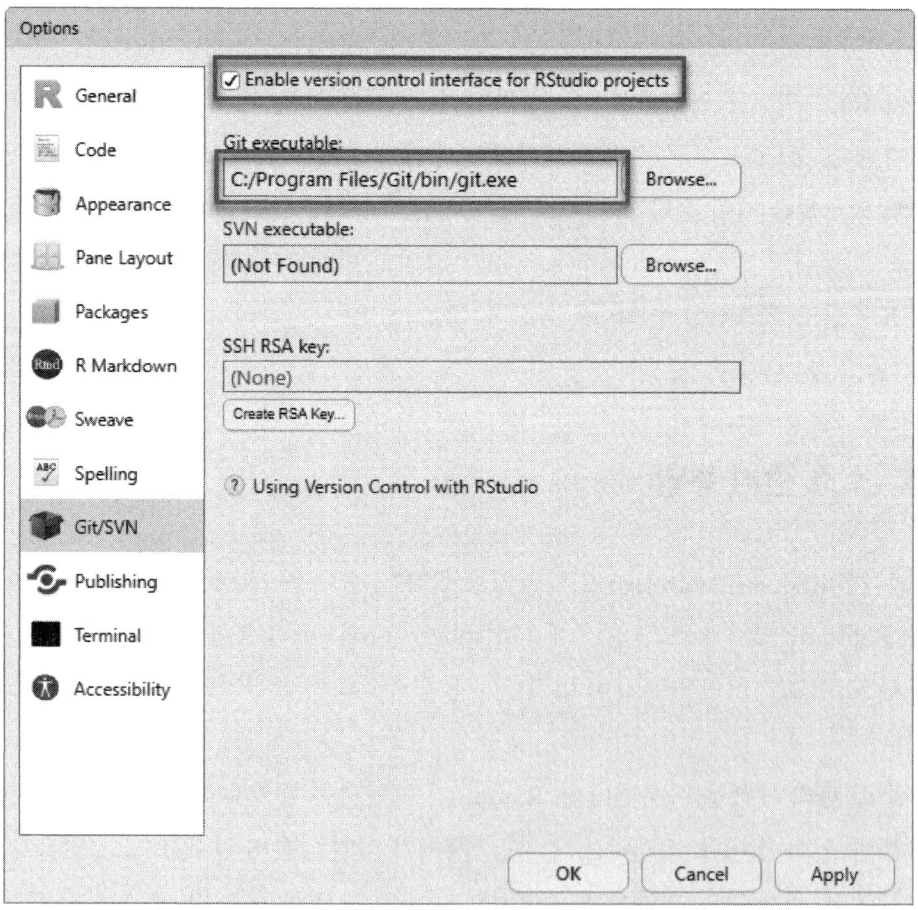

그림 11-1. 버전 관리(Version Control) 설정

"Enable version control interface for RStudio projects"라는 제목에 붙어 있는 박스를 클릭하고, git가 설치된 경로가 올바른지 확인한다. 이 경로는 컴퓨터마다 그

리고 git가 설치된 장소에 따라 다르다. 위에서 보여주는 경로는 Windows에서 기본 설정으로 설치된 경우에 해당한다.

Git 저장소에 프로젝트 추가

프로젝트에 git를 추가하려면 RStudio에서 Terminal 탭을 사용해서 터미널(Terminal)을 이용해야 한다. 콘솔창의 "Terminal"에서 명령어 `git init`를 입력하고 리턴키를 누르면, 작업하고 있는 프로젝트가 위치한 폴더에 새로운 git 저장소가 생성된다. 이처럼 단순하게 Terminal에서 또는 통합 RStudio 도구를 이용해서 git를 사용할 수 있다.

작업하고 있는 프로젝트 폴더에 있는 파일들을 새로운 git 저장소로 추가하고, 그 파일들을 커밋(commit)한다. 여기서 커밋은 git에서 버전을 만드는 동작을 의미한다.

```
git add .
git commit -m "initial commit"
```

이 명령어는 모든 파일들을 저장소로 추가한 다음, "initial commit" 메시지로 커밋(commit)한다.

Git 뷰어

이제, (Winwods에서) RStudio를 다시 시작하면, 그림 11-2에서 보이는 것처럼, git 통합 뷰어가 나타나는 것을 확인할 수 있다.

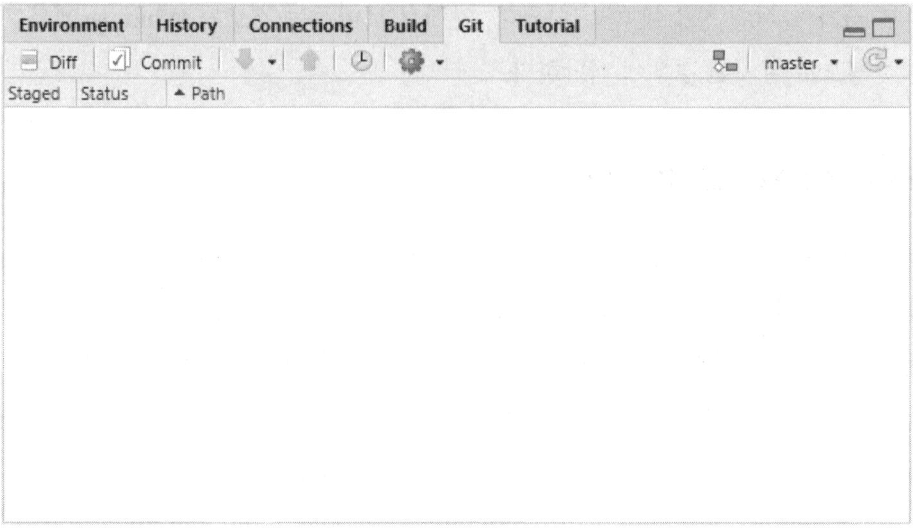

그림 11-2. 버전 관리(Version Control) 뷰어

어떤 코드 파일을 변경하면, 그 파일이 이 창에 나타날 것이다. 예를 들어, "process_data.R" 파일 일부를 변경했다면, 그림 11-3에 보이는 것처럼, 그런 내용이 반영된 소스 제어 뷰어(source control viewer)가 갱신된 것을 볼 수 있다.

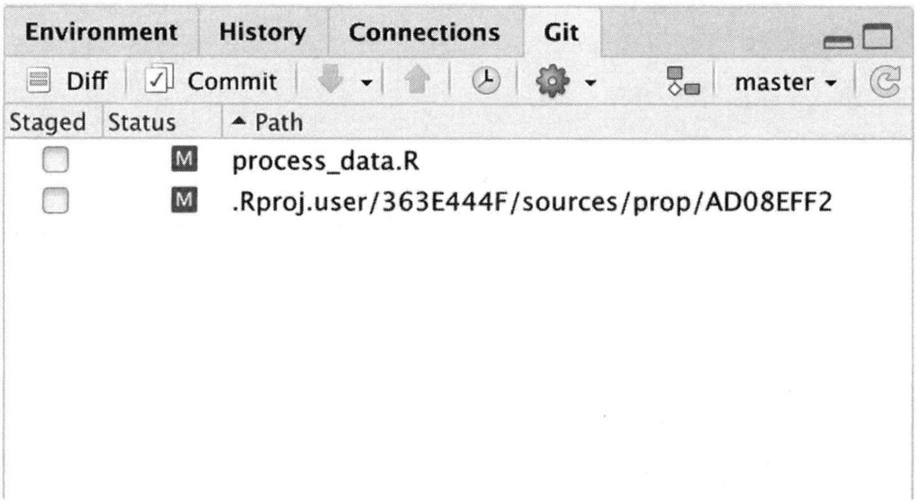

그림 11-3. 저장소에 수정된 파일

이제 2개의 파일이 git 뷰어에 나타난 것을 볼 수 있다. "process_data.R"이 나타나기를 기대했지만, 긴 파일 경로 이름을 가진 두 번째 파일은 기대하지 않았다. 이

두 파일 옆에 파란색 "M" 아이콘은 이 파일들이 수정되었다는 것을 의미한다. 첫 번째 파일의 수정 내용을 살펴보기로 하자.

Git Diff 뷰어

각각의 파일들 왼쪽에 있는 체크박스를 클릭하고 뷰어 왼쪽 상단에 있는 "Diff" 버튼을 클릭하면, 그림 11-4에서 보이는 것처럼 다이얼로그 상자와 비슷한 새 창이 나타날 것이다.

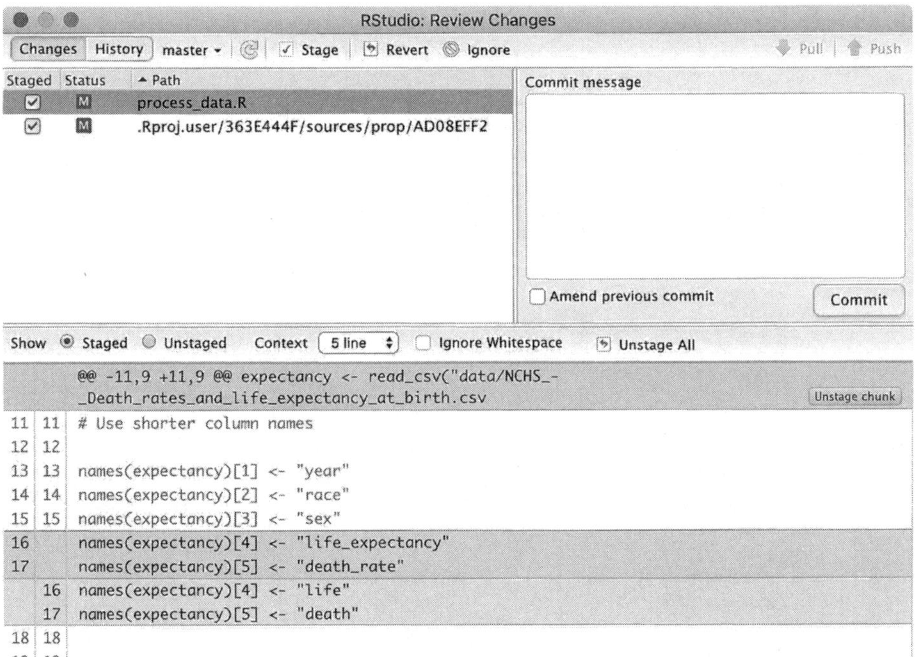

그림 11-4. Diff 창

이 화면에서 파일 간 차이점들을 볼 수 있다. 흰색 공간은 두 파일 모두에 포함되어 있는 내용을 보여준다. 적색 공간은 (제거될 예정인) 파일의 이전 버전을 보여주며 녹색 공간은 파일에 새로 추가된 내용을 보여준다.

왼쪽 상단 영역에 보이는 목록을 이용하면, 변경된 두 파일 사이를 이동할 수 있다. 두 파일 중 하나의 파일을 살펴보면, 변경 기록은 그렇게 중요하지 않으며 무시될 수 있는 코드 편집기 상태와 관련이 있다는 것을 알게 될 것이다 (곧, 파일들을 지우는 방법을 공부하게 될 것이다).

상단에 "History" 버튼을 클릭하면, 작업을 시작한 이후 이 파일을 변경한 모든 기록들을 볼 수 있다. 작업 흐름의 이 지점부터, 이런 변경 내용을 제거하거나 저장소로 커밋할 수 있다.

변경 내용 커밋(Committing Changes)

변경 내용을 적용해서 새 버전을 만들려면(즉, 커밋하려면), Diff 뷰어 창의 오른쪽 상단 "commit message"에 메세지를 입력하고 그림 11-5에 보이는 것처럼 "Commit" 버튼을 클릭한다.

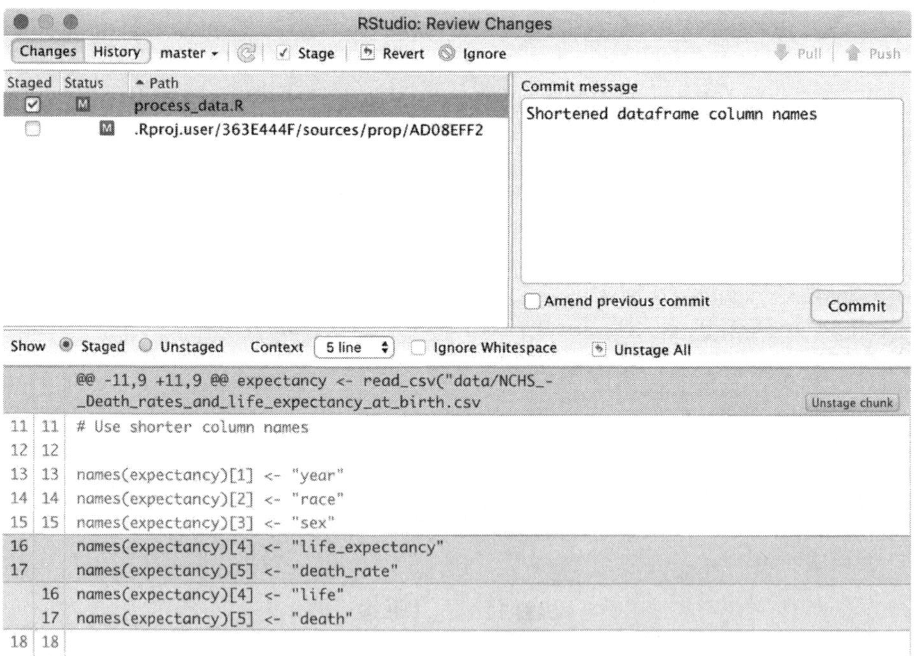

그림 11-5. 저장소로 변경 내용 위임

"Commit" 버튼 대신 "Revert" 버튼을 클릭하면 변경 내용을 제거할 수 있다.

Git 브랜치

Git는 여러 갈래로 퍼져나가는 데이터 흐름을 의미하는 브랜치(branch)를 지원한다. 본래 코드에 영향을 주지 않고 새로운 기능을 테스트할 수 있도록 프로젝트 복사본을 변경하기 원할 때 브랜치를 생성할 수 있다. 브렌치 상에서 작업을 하고 나중에 새로운 기능을 보존하고 싶다고 결정하면, 브랜치를 본래 프로젝트로 "합병(merge)"할 수 있다.

새로운 브랜치에 원하는 어떤 이름이라도 부여할 수 있으며, 가끔 작업하고 있는 기능 또는 버그의 이름을 사용하기도 한다. 본래 소스 브랜치의 이름은 "master"이다. Master 브랜치로부터 새로운 브랜치를 생성하고, 새로운 브랜치에서 작업하는 것이 일반적인 git 작업 흐름이며, 새로운 브랜치가 요구사항을 충족시키면 master로 다시 merge한다.

RStudio는 새로운 브랜치를 생성하고 브랜치를 전환할 수 있는 기능을 포함하고 있다. 그림 11-6에 강조된 버튼을 사용해서 새로운 브랜치를 생성하고 브랜치들을 전환할 수 있다.

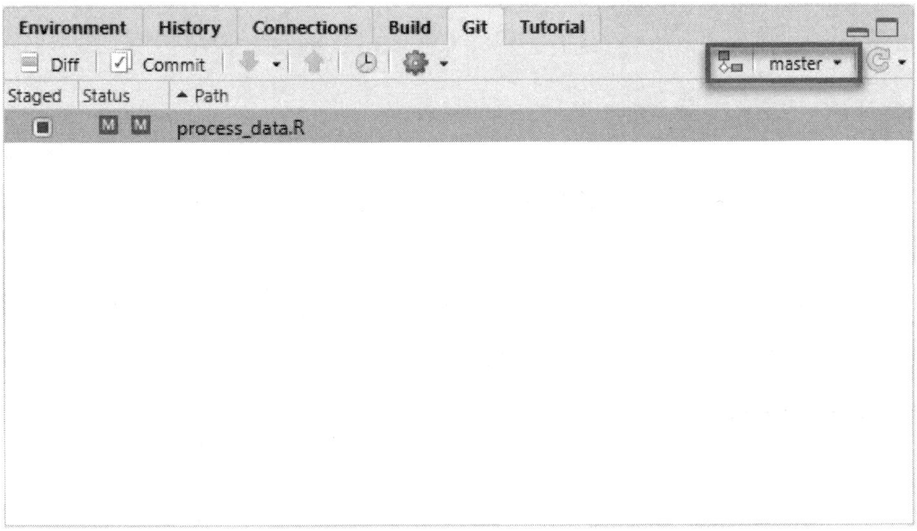

그림 11-6. git 브랜치 관리

첫 번째 버튼은 브랜치를 생성하는데 사용되며 두 번째 버튼은 브랜치를 전환하는데 사용된다. 브랜치를 전환할 때 프로젝트의 모든 코드는 브랜치로부터 얻은 코드로 교체된다.

"Diff" 버튼을 클릭하면 나타나는 새 다이얼로그 박스에서 "History" 버튼을 선택하고 "History" 버튼 바로 다음 공간에서 "(all branches)"를 선택하면, 저장소의 모든 브랜치들에 대한 변경 내역들을 파악할 수 있다. 그림 11-7에서 master 브랜치와 다른 브랜치들을 포함하는 프로젝트의 예를 볼 수 있다.

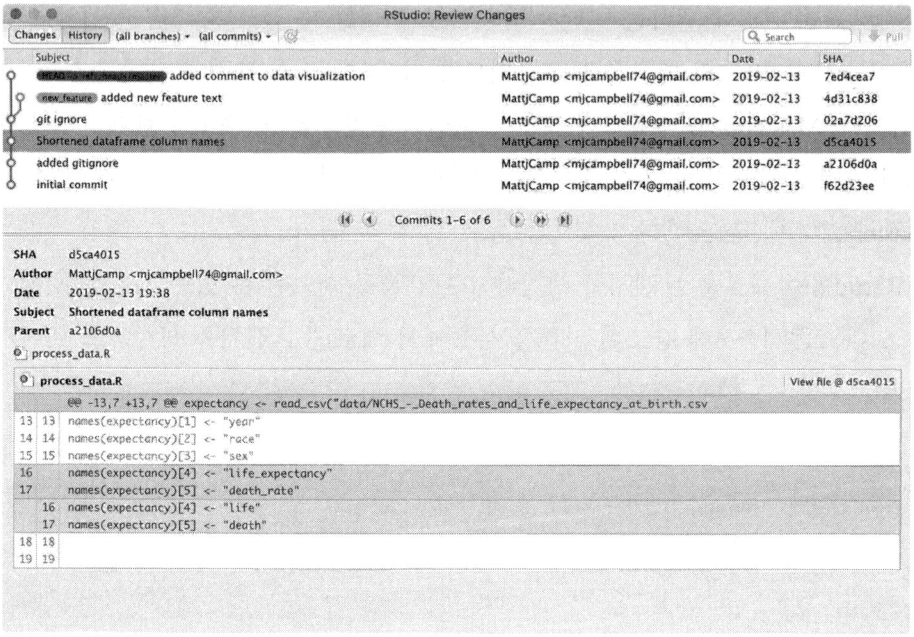

그림 11-7. git 브랜치들

이 도구를 사용하면 브랜치들을 탐색하면서 브랜치간 차이를 시각화하고 프로젝트의 변경 내역들을 볼 수 있다. RStudio는 모든 git 기능을 지원하지 않는다. 브랜치를 지우거나 합병하려면, Terminal 탭에서 적절한 명령을 찾아보아야 한다.

✲ 디버거

디버깅은 코드의 결함을 식별하고 고치는 과정이다. 디버그하는 가장 간단한 방법은 단순히 프로젝트 값을 Console 창으로 출력하는 것이다. 그러나, 이 방법은 각 줄의 코드가 실행되면서 분석 상태가 변화될 때 좌절감을 느끼게 할 수 있다.

그런 문제를 해결하기 위하여 코드 실행을 멈추게 하고 객체 값들을 조사할 기회를 주는 중단점(breakpoints)을 설정하는 내장 도구가 RStudio에 포함되어 있다.

디버깅을 시작하기 위하여 중단점을 설정한다. 단순히 코드 파일을 열고 R이 중단하기 원하는 코드 라인 왼쪽 영역을 클릭한다. 이 영역을 거터(gutter)라고 부르며, 그림 11-8에서처럼 보일 것이다.

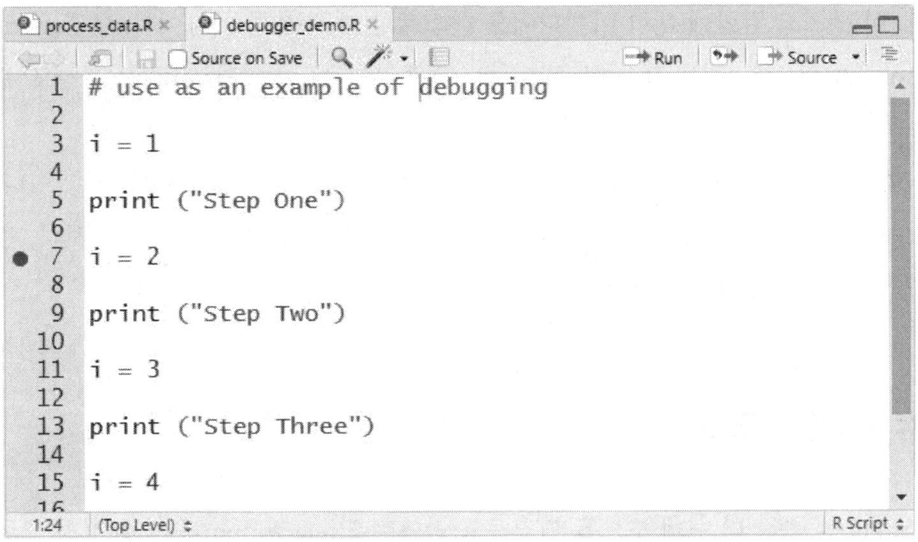

그림 11-8. 중단점 설정

`i = 2` 코드 옆에 빨간점이 중단점이다. 데모 파일을 실행하면, RStudio는 이 줄의 코드에서 멈추고 그림 11-9에서 보이는 것처럼 코드 디버거가 나타날 것이다.

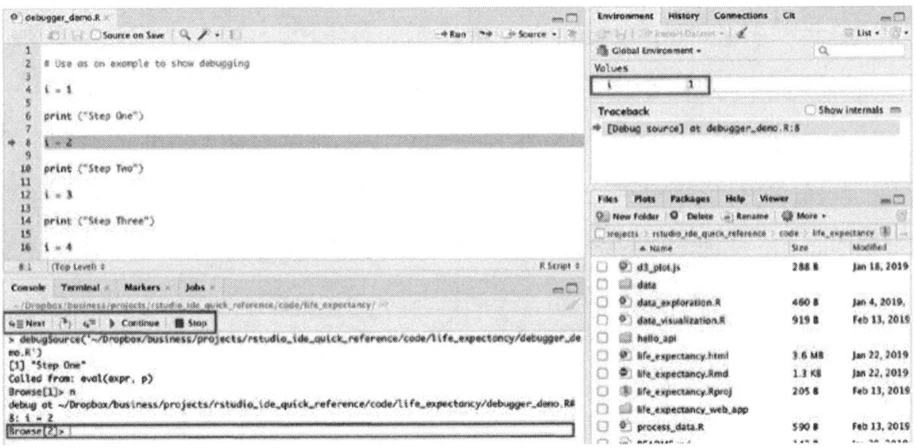

그림 11-9. 주요 디버거 기능

그림 11-9에서 모든 디버거 기능을 볼 수 있다. 왼쪽 중간 영역에, 코드 실행을 통제할 수 있는 여러 개의 버튼을 볼 수 있다. 중단점에서 멈춰있기 때문에 다음 라인으로 나아가서 다음 중단점까지 모든 코드를 실행시키거나, 코드 실행을 멈추게 할 수 있다.

화면 하단에 있는 Console 창을 이용해서 프로젝트의 현재 상태를 조사할 수 있다. 이는 코드 결함에 대한 아이디어를 테스트할 때 유용한 기능이다. 환경(environment)의 모든 객체 값을 볼 수 있는 오른쪽 상단에 있는 Environment 창도 유용하다.

RStudio의 Debug 메뉴로 가면 디버깅을 위한 더 많은 옵션을 선택할 수 있다. 특히 처음에 있는"Toggle Breakpoint"를 한 번 클릭할 때마다 두 상태 중 하나, 즉 중단점을 선택하거나 해제할 수 있다.

✲ 추가 코드 도구

RStudio에 조금 더 쉽게 코드를 편집하고 리팩토링(refactoring)하는 몇 가지 도구가 더 포함된다. 코드 리팩토링은 일단 작업 프로젝트가 있을 때 약간 코드를 청소하는 과정이다. 함수 이름을 바꾸거나 코드를 들여쓰기하거나 코드 일부분을 재사용할 수 있는 함수로 추출하고 싶을 때가 있다.

RStudio의 화면 상단으로 가서 Code 메뉴 항목을 선택하면, 코드 리팩토링에 필요한 모든 옵션을 볼 수 있다. 그중 한 가지 중요한 항목은 객체를 강조하고 메뉴를 선택함으로서 사용하는, "rename in scope" 기능이다. 이 시점에서 객체에 실행한 모든 편집 내용은 코드 파일에서 해당 객체가 나타나는 모든 곳에 반영될 것이다.

코드들이 정리된 것처럼 보이도록 코드 라인들을 다시 들여쓰기하고 코드를 새로 포맷하는 옵션을 찾을 수도 있다. 코드를 탐색하는 작업은 함수가 호출될 때 "Go To Function Definition"을 사용할 때보다 훨씬 더 쉽지만, 어디에서 함수가 정의되었는지 전혀 기억할 수 없다.

✲ 결론

이 장에서 코드를 정리하고 유지하는데 도움을 줄 수 있는 RStudio에 포함된 몇 가지 내장 도구들을 강조하였다. Git는 코드 버전 간 차이를 정리하고 확인하기 위하여 사용된다. 디버거를 사용하면 버그를 고칠 수 있도록 코드를 단계별로 확인하면서 프로그램의 상태를 관찰할 수 있다. 마지막으로 코드 메뉴는 빠르게 코드를 다시 포맷하는데 사용할 수 있는 유틸리티 목록을 제공한다.

제 12 장

R 프로그래밍

이 장에서, R 프로그래밍을 하기 위하여 알아야 할 기본 개념을 거듭 살펴볼 것이다. 이 사용 지침서는 결코 포괄적이지 않으며 여러분의 첫 번째 프로그래밍 경험으로 생각해도 좋다. 그러나 전에 프로그래밍을 해보았다면, 이 지침서는 R을 시작하기에 충분한 내용을 제공할 것이다. 프로그래밍에 전혀 생소한 독자들은 Data Camp 또는 Coursera에서 이 주제와 관련된 심화 과정을 수강하는 것을 고려할 수도 있다.

객체

R에서 다뤄지는 모든 것은 객체이다. 객체는 일련의 숫자, 함수, 그래프 또는 분석 결과가 될 수 있다. 객체에는 리스트(list), 데이터 프레임(data frame) 그리고 문자(character)처럼 여러 유형이 있다.

할당 연산자(assignment operator) <- 으로 객체를 생성한다. 왼쪽에 선택한 이름이 있고, 할당 연산자 <- 그리고 객체를 정의하는 코드가 뒤따른다. 다음처럼 수치형 객체를 생성한다.

```
a <- 9
```

첫 번째 부분 a는 객체로 선택한 이름이며, 할당 연산자 <- 그리고 값 9가 뒤따른다. 이제 코드에서 단순히 문자 a를 사용해서 이 객체를 참조할 것이다. 예를 들어, a 값을 제곱하기 원하면 다음과 같이 코드를 입력한다.

```
a * 2
```

이 코드는 Console 창으로 18을 출력한다. R에서 객체는 유형이 다를 수 있다. 위의 객체 a는 수치형(numeric)이다. R에서 이런 유형을 클래스(class)로 부른다. class 함수를 이용해서 어떤 클래스의 객체인지 파악할 수 있다.

```
class(a)
```

이 코드는 Console 창으로 객체는 수치형 "numeric"라는 결과를 반환한다. 다음과 같이 할당 연산자를 이용해서 객체의 클래스를 변경할 수 있다.

```
class(a) <- "custom_numeric"
```

일반적으로, 이미 수치형 또는 문자형으로 존재하는 객체의 클래스를 변경할 수 없다. 그러나 자신만의 사용자 클래스를 생성하고 이 객체를 환경(environment) 창에 존재하는 다른 객체와 구별하기 원하면 변경할 수도 있다.

필수 클래스 유형

코드를 작성하면서 여러 유형의 객체를 정의하고 사용할 수 있지만, R 프로그래밍에 기초가 되는 몇 가지 유형의 객체들이 있으며, 아래에서 구체적으로 다뤄질 것이다.

문자와 수치

첫 번째 절에서 수치형(numeric) 객체를 다루었으며, 문자형(character) 객체도 동일한 방법으로 작동한다. 문자형 객체는 숫자가 아니라 문자를 저장한다는 것이 진정한 차이점이다. 문자형 객체는 다음과 같이 작은 따옴표 또는 큰 따옴표로 감싸 주어야 한다.

```
b <- "nine"
```

코드에서 b를 참조할 때, 문자열 "nine"이 반환된다. 전에 보았던 수치형 객체와 달리, b에 2를 곱할 수 없다. 이를 시도하면 "non-numeric argument to binary operator" 오류를 얻게 될 것이다.

문자형 객체를 연산할 수 없지만 stringr 라이브러리를 이용해서 이 객체를 조작할 수 있다. 예를 들어 두 문자형 객체를 결합하려면, 다음과 같이 stringr 라이브러리에 속한 str_glue 함수를 사용할 수 있다.

```
library(stringr)
str_glue(b, " times 2")
```

이 명령어는 "nine times 2"를 반환할 것이다. **library** 키워드는 함수 라이브러리에 접근하게 해준다. 첫 번째 줄의 코드는 stringr 라이브러리에 접근해야 한다는 것을 의미한다.

벡터

벡터(vector)는 동일한 유형의 객체 목록이다. 문자형, 숫자형 또는 다른 유형의 객체 목록을 가질 수 있다. 숫자 1로 시작하는 값을 이용해서 목록에 있는 객체를 파악한다. 벡터를 생성하기 위하여 쉼표로 구분된 값들을 취해서 목록을 만드는 c 함수를 이용한다. 다음은 처음 5개의 알파벳 문자들로 구성된 문자를 포함하는 벡터를 생성하는 방법이다.

```
alpha <- c("A", "B", "C", "D", "E")
```

객체 이름 alpha를 입력하면 간단히 Console 창으로 목록 전체를 쉽게 출력할 수 있으며, 객체 이름 다음에 관심있는 객체 요소에 해당하는 색인과 함께 꺾쇠괄호를 이용해서 개별 요소를 참조할 수 있다.

예를 들어 alpha[1]는 "A"를 출력하며 alpha[5]는 "E"를 출력할 것이다.

곱셈같은 연산 또는 함수를 벡터에 적용할 때, 벡터의 각각의 객체에 효력이 적용된다. 결과는 새로운 벡터가 될 것이다. 예를 들어 숫자 20, 30, 40, 50 그리고 60

으로 구성된 벡터를 갖고 있고, 이 벡터에 4를 곱하면 새로운 벡터는 80, 120, 160, 200 그리고 240이 된다.

```
n <- c(20,30,40,50,60)
n
[1] 20 30 40 50 60
n * 4
[1] 80 120 160 200 240
```

행렬

행렬(matrix)은 2차원(본질적으로 행과 열)을 갖는 벡터이다. 벡터처럼 행렬의 각 객체는 동일한 유형이어야 한다. 다음과 같은 벡터의 dim(차원, dimension) 성질을 설정함으로서 행렬을 생성할 수 있다.

```
m <- c(1,2,3,4,5,6,7,8,9)
dim(m) <- c(3,3)
m
```

m을 조사하면 다음과 같은 행렬을 볼 수 있다.

```
     [,1] [,2] [,3]
[1,]    1    4    7
[2,]    2    5    8
[3,]    3    6    9
```

행렬의 개별 셀을 참조하려면, 행과 열 색인을 공급한다. 예를 들어, 2 번째 행과 첫 번째 열에 있는 셀을 색인하기 위하여, m[2,1]을 입력하면 2가 얻어진다.

리스트

이전에 논의한 벡터는 모두 동일한 유형의 요소를 포함해야 하기 때문에 원자 벡터(atomic vector)로 부른다. 혼합 객체를 포함하는 벡터를 단순히 리스트(list)라 부른다. 리스트는 연관있는 객체들의 모음을 관리할 때 편리하다.

새로운 리스트를 생성하려면 다음과 같이 list 함수를 사용한다.

```
l <- list()
l$name <- "Cards"
l$cards <- c("10","Jack","Queen","King","Ace")
l$bets <- c(1,5,10)
```

첫 번째 줄의 코드는 비어있는 리스트를 생성하며, **$**를 사용해서 객체에 할당할 이름을 생성한다. 첫 번째는 리스트를 설명하는 문자형 객체이며, 두 번째는 문자형 벡터, 그리고 마지막은 수치형 객체로 구성된 벡터이다. 나중에 이 값들에 접근하려면, 리스트 이름을 다음에 달러 기호 **$**와 객체 이름을 사용해야 한다. 예를 들어 cards의 리스트를 보려면 **l$cards**를 입력하며, 이 리스트의 두 번째 card를 얻으려면 **l$cards[2]**를 입력한다.

요인

요인(factor)은 지정된 값만을 포함할 수 있는 벡터 유형이다. 예를 들어 성별을 구별하기 위하여 값 목록을 가질 수 있으며, 개별 값은 "male," "female," 또는 "unknown"이어야 한다. 이런 구조는 객체들의 범주를 분석할 때 사용하기 편리하다.

factor 함수를 이용하고 객체 값 목록을 공급해서 요인을 생성할 수 있다.

```
sex <- factor(c("male","female","unknown","male"))
sex
```

이 코드는 다음과 같은 정보를 출력한다.

```
[1] male    female  unknown male
Levels: female male unknown
```

벡터에서 가졌던 것처럼 값들로 이루어진 목록을 갖지만, 추가적으로 수준(level) 정보도 갖는다.

데이터 프레임

데이터 프레임은 같은 크기의 요소를 갖는 특별한 종류의 리스트이다. 사실상 데이터 프레임은 행과 열로 이루어진 2차원 구조같은 일종의 스프레드시트를 제공한다. 데이터 프레임 요소들을 $ 연산자가 있는 리스트 또는 행과 열 색인을 사용하는 행렬처럼 취급할 수 있다.

data.frame 함수를 이용해서 데이터 프레임을 생성할 수 있다.

```
df <- data.frame(numbers = c(1,2,3),
                 letters = c("A","B","C"))
df$more <- c("1st","2nd","3rd")
```

data.frame 함수를 이용해서 데이터 프레임을 생성할 때, 크기가 같은 모든 벡터를 데이터 프레임으로 공급할 수 있다. 일단 데이터 프레임을 생성하면, 위 코드에서 본 것처럼 $ 연산자를 사용해서 열을 추가할 수 있다.

종종, 함수로부터 얻은 결과를 데이터 프레임으로 사용하는 경우가 있다. 데이터 프레임은 필수 R 객체이며 "tibble" 버전 유형의 데이터 프레임은 6장 "필수 R 패키지"에서 매우 상세하게 다루어져 있다.

흐름 제어

지금까지, 근본적으로 객체를 생성하고, 속성을 설정하고, 결과를 살펴보았다. R 프로그래밍은 코드를 분류하고(branch) 루프(loop)를 이용해서 반복적으로 코드를 실행하는 방법도 포함한다.

If-Then 서술문

if-then 서술문은 프로그램에게 특정 객체의 상태에 따라 다르게 동작하라고 지시한다. 다음은 if-then 서술문의 예를 보여준다.

```
state <- "startup"

if(state == "startup") {
  print("We are about to start the program")
```

```
  state = "running program"
} else {
  print("Program running")
}
```

"startup" 값을 갖는 state라는 이름의 객체가 할당되었다. 다음 줄의 코드는 state 객체를 평가하고, "startup"과 같으면 if 서술문 바로 다음에 중괄호로 둘러싸인 코드가 실행될 것이다. state 메세지가 출력되고 state 객체 값이 변경될 것이다.

state 객체가 "startup" 이외에 다른 값이면, `else` 키워드 다음에 있는 코드가 실행될 것이다. 이 경우 단순히 프로그램은 "Program running" 메시지를 나타낼 것이다.

위 예제에서 `==` 균등 연산자를 사용해서 두 값이 같은지 여부를 테스트하였다. 불균등 `!=`, 보다 큼 `>`, 보다 작음 `<`, 보다 크거나 같음 `>=`, 보다 작거나 같음 `<=` 연산자도 테스트할 수 있다.

한 줄의 코드에 `if-else` 서술문을 사용할 수도 있으며, 코드가 간결하면 이 서술문은 잘 동작한다. 예를 들어, startup 모드에 있었는지 파악하기 위하여 state 객체를 테스트만 하고 싶으면, 코드를 다음과 같이 간단하게 쓸 수 있다.

```
ifelse(state == "startup", TRUE, FALSE)
```

state가 "startup"이면 부울 값(Boolean value) TRUE를, 그렇지 않으면 부울 값 FALSE를 반환할 것이다. 부울은 참(true) 또는 거짓(false)일 수만 있으며, 이런 조건을 테스트하기 위해 사용되는 특별한 유형의 객체이다.

루프(Loops)

루프(loop)는 동일한 코드를 되풀이하여 반복하는 방법을 제공한다. R에서 사용할 수 있는 두 가지 유형의 루프가 있다: for 루프와 while 루프. 루프처럼 동작하는 apply 함수군도 사용할 수 있다. 루프가 어떻게 동작하는지 알아보자.

For 루프

for 루프는 지정된 횟수만큼 반복 수행한다. 예를 들어 코드를 통해 5번 루프(반복)하려면, 다음과 같이 쓸 수 있다.

```
for (i in 1:5){
  print(i)
}
```

위 코드는 1부터 5까지 숫자를 반환하게 한다. 이 코드는 for 키워드로 구성되며 괄호 안에 루프가 있는 위치를 기록하는 i 객체를 갖고 있다. 1:5는 1부터 5까지 모든 수를 대표하는 R 속기법(short hand)이다. 이 루프는 5번 실행될 것이며 중괄호 사이에 코드는 매번 다음과 같은 출력을 반환할 것이다.

```
[1] 1
[1] 2
[1] 3
[1] 4
[1] 5
```

While 루프

while 루프도 코드를 반복적으로 실행한다. 그러나, 지정된 횟수만큼 코드를 실행하는 대신에 while 루프는 조건이 만족될 때까지 실행한다. 다음 코드는 while 루프를 이용해서 1부터 5까지 세는 방법을 보여준다.

```
i <- 0

while (i <= 5) {
  print(i)
  i <- i + 1
}
```

while 루프는 i 객체의 상태를 확인하며 i 〈= 5 조건이 만족하지 않을 때까지 Consile 창으로 값을 반환한다.

Apply 함수

apply 함수군도 루프(반복) 패턴을 제공하지만 보다 간결한 형태로 표현된다. 이런 종류의 함수를 다양한 R 패키지에서 그리고 기본 내장된 R에서도 발견할 수 있다. 벡터, 데이터 프레임 또는 리스트같은 객체를 우회해서 apply 함수를 사용하는 것이 일반적인 패턴이며, 해당 객체의 각각의 요소에 apply 함수가 반복 적용된다. apply 함수에 각각의 요소를 실행하는 코드를 제공하면, 함수는 새로운 객체를 반환할 것이다.

루프를 이용해서 지금까지 해왔던 것을 반복하기 위하여, 다음과 같은 코드를 쓸 수 있다.

```
sapply(1:5, function(x){print(x)})
```

이 코드는 아주 깔끔하며, 실제로 벡터 1:5와 실행 코드만 있다. 코드는 "익명함수(anonymous function)"이며 관련 함수들을 다음에 자세히 논의할 것이다. 기본적으로, 벡터의 현재 값에 대한 표시자(placeholder)인 하나의 매개변수 x를 갖는 함수를 정의했으며, 중괄호 사이에 벡터의 각각의 요소에 대해 실행할 코드를 넣었다.

여기서 `sapply` 함수를 사용했으며 apply 함수의 이 버전은 간소화된 (이 경우 벡터인) 객체를 반환한다. 위 경우에 같은 벡터를 되돌려 받았을 뿐이다. 그렇지만 무언가 다른 것도 할 수 있다.

```
sapply(1:5, function(x){
  x * 2
  })
```

여기서는 익명함수를 쪼개서 코드를 조금 더 명확하게 만들었다. 이 코드는 Console 창으로 새롭게 생성된 벡터를 반환할 것이다.

```
[1] 2 4 6 8 10
```

이 sapply 함수는 가장 간단한 객체를 반환하는 일반적인 포장 함수(wrapper function)이다. 같은 방법으로 작동되지만 리스트 객체를 반환하는, 리스트 또는 데이터 프레임에 사용되는 `lapply` 함수도 사용할 수 있다.

함수

제공받은 입력값과 함께 실행될 수 있는 함수(function)는 코드 블록을 포함하는 일종의 객체이다. 이런 객체는 코드를 한 번 쓰는 모범적인 관행을 따르는 좋은 방법이다. 일반적으로 프로젝트 내내 사용될 수 있는 어떤 코드 블록도 나중에 사용될 수 있도록 함수로 포장될 수 있다.

```
my_fun <- function(x, y) {
  r = x * 2 + y
  r
}
```

중괄호 { 과 } 사이에 있는 코드는 함수를 구성하는 내용이다. 이 중괄호 안에 함수의 매개변수로 선언되는 새로운 객체와 참조 객체를 생성할 수 있다. 매개변수는 함수 키워드 다음 괄호안에 보이는 쉼표로 구분된 목록으로 선언된다. 함수는 함수 자체 이전에 선언되기만 하면 함수 밖에서 선언된 객체들도 사용할 수 있다.

매개변수 리스트와 코드 블럭을 포함하는 함수는 `my_fun` 객체로 할당된다. 함수의 코드를 인쇄하기 위하여 객체 이름을 Console 창으로 입력하면 함수를 점검할 수 있다.

함수를 사용하기 위하여, 다음과 같이 함수 이름 다음에 쉼표로 구분된 매개변수 목록을 입력한다.

```
my_fun(3, 189)
```

이 코드는 수치형 객체 195를 반환할 것이다. 각 줄의 코드가 실행되고 마지막 줄의 코드가 호출기(caller)로 반환되는 것이 함수에서 일어나는 일이다. `my_fun`의 마지막 줄의 코드는 계산 결과이다.

객체 이름으로 할당되지 않는 함수를 익명함수로 부르며, 가끔 `lapply` 또는 `sapply` 같은 함수의 매개변수로 사용된다. 이런 함수는 동일한 방법으로 동작하지만, 반드시 표준 함수(standard function)와 동일한 방법으로 재사용되는 것은 아니다.

JSON 데이터 불러오기

JSON, JavaScript Object Notation은 일부 프로그래머들에게 csv 또는 다른 2차원 데이터 포맷과 비교하여 낯익지 않을 수 있다. JSON 데이터 포맷은 구조적 포맷을 유지하면서 쉽게 텍스트 포맷으로 보내질 수 있는 형식으로 고안되었다.

다음은 JSON 데이터의 예이다.

```
[{"year":2015,"race":"All Races","sex":"Both Sexes","death":
733.1},{"year":2014,"race":"All Races","sex":"Both Sexes",
"life":78.9,"death":724.6},{"year":2013,"race":"All Races",
"sex":"Both Sexes","life":78.8,"death":731.9},{"year":2012,
"race":"All Races","sex":"Both Sexes","life":78.8,
"death":732.8},{"year":2011,"race":"All Races",
"sex":"Both Sexes","life":78.7,"death":741.3},{"year":2010,
"race":"All Races","sex":"BothSexes","life":78.7,"death":747}]
```

이는 이 책 내내 다루어온 life expectancy 데이터의 일부분이다. 아마 어느 정도는 이 데이터를 이해할 수 있지만, 친화적인 포맷과는 거리가 멀다.

이런 데이터로 작업을 하기 위해서 `jsonlite` 패키지를 사용할 수 있다. 다음 코드를 이용해서 이 패키지를 설치한다.

```
install.packages("jsonlite")
```

이제 위의 데이터가 `life_json` 이름으로 명명된 객체에 저장되었다고 가정하면, 간단한 코드로 사용할 수 있는 깔끔하게 정돈된 포맷으로 변환시킬 수 있다.

```
library(tidyverse)
library(jsonlite)
life <- fromJSON(life_json)
```

위 코드에 참조되는 `tidyverse` 라이브러리를 포함시켰다. 데이터 프레임을 얻기 위하여 객체 이름 life를 명령어로 입력하면, 다음 결과가 얻어진다.

```
year       race   sex death life
1 2015 All Races Both Sexes 733.1   NA
```

```
2 2014 All Races Both Sexes 724.6 78.9
3 2013 All Races Both Sexes 731.9 78.8
4 2012 All Races Both Sexes 732.8 78.8
5 2011 All Races Both Sexes 741.3 78.7
6 2010 All Races Both Sexes 747.0 78.7
```

`jsonlite` 패키지 `fromJSON` 함수는 자동으로 파일을 데이터 프레임으로 변환시킨다. 이 함수는 자동으로 변환된 가장 높은 수준(high-level)의 객체를 반환할 것이다. 이 데이터는 데이터 프레임에 깔끔하게 들어맞기 때문에, 위와 같은 결과를 얻은 것이다. 그러나 기본 데이터 프레임이 이 구조에 딱 들어맞지 않으면, JSON 파일 구조를 반영하는 리스트 객체가 될 수도 있다.

결론

이 장에서 이 책을 이용해서 R 프로그래밍을 시작하고 따라 할 수 있는지 확인하기 위하여 R 프로그래밍에 대한 충분한 정보를 제시했다. 이제 R 프로그래밍에서 사용되는 객체, 흐름 제어 그리고 함수를 이해해야 한다. 뿐만 아니라, 이전에 데이터 분석을 해보았다면, 필수 R 패키지에 관한 장과 JSON에 관한 절은 확실한 출발점이 될 것이다.

데이터 분석 그리고/또는 프로그래밍에 경험이 많지 않은 독자는 더 많은 도움이 필요하다는 것을 느낄 것이다. 프로그래밍은 초기에 많은 연습과 이해력이 필요한 분야이다. 다른 프로그래머의 데이터 분석 작업을 검토함으로서 혜택을 입을 수 있다. Github같은 웹사이트에 온라인으로 사용할 수 있는 예제들이 많다.

프로그래밍에 전혀 경험이 없는 독자들은 기초적 프로그래밍을 익히는데 어느 정도의 시간이 필요할 수 있다. 이 책을 통하여 루프, 함수 그리고 객체 같은 아이디어를 접하는 것이 처음이라면 로컬 또는 온라인 R 프로그래밍 강좌를 듣는 것을 고려해야 한다.

모든 독자에게 이 책과 본 장의 내용은 찾고 있는 작업에 대한 통찰력을 가질 수 있도록 어떤 도구가 적합한지 판단하는데 도움이 되기를 희망한다. 행운을 빌며 데이터 과학 기술로의 여행을 즐기기를 희망한다.